I0566869

BESTACTIVITYBOOKS.COM

PRIMEIRA EDIÇÃO - 2022

Ilustración gráfica adicional: www.freepik.com
Graças a Alekksall, Starline, Pch.vector, Rawpixel.com, Vectorpocket, Dgim-studio, Upklyak, Macrovector, Stockgiu, Pikisuperstar & Freepik.com Designers

5 DICAS PARA COMEÇAR

1) CÓMO RESOLVER LAS SOPA DE LETRAS

Os puzzles têm um formato clássico:

- As palavras estão escondidas sem espaços ou hífenes,...
- Orientação: As palavras podem ser escritas para a frente, para trás, para cima, para baixo ou na diagonal (podem ser invertidas).
- As palavras podem sobrepor-se ou intersectar-se.

2) APRENDIZAGEM ACTIVA

Ao lado de cada palavra há um espaço para anotar a tradução. Para encorajar a aprendizagem activa, um **DICIONÁRIO** no final desta edição permitir-lhe-á verificar e expandir os seus conhecimentos. Procure e anote as traduções, encontre-as no puzzle e adicione-as ao seu vocabulário!

3) MARCAR AS PALAVRAS

Pode inventar o seu próprio sistema de marcação - talvez já use um? Pode também, por exemplo, marcar palavras difíceis de encontrar com uma cruz, palavras favoritas com uma estrela, palavras novas com um triângulo, palavras raras com um diamante, e assim por diante.

4) ESTRUTURANDO A APRENDIZAGEM

Esta edição oferece um **CADERNO DE NOTAS** prático no final do livro. Nas férias, em viagem ou em casa, pode facilmente organizar os seus novos conhecimentos sem a necessidade de um segundo caderno!

5) JÁ TERMINOU TODAS AS GRELHAS?

Nas últimas páginas deste livro, na secção **DESAFIO FINAL**, encontrará um jogo gratuito!

Rápido e fácil! Consulte a nossa colecção de livros de actividades para o seu próximo momento de diversão e **aprendizagem**, a apenas um clique de distância!

Encontre o seu próximo desafio em:

BestActivityBooks.com/MeuProximoLivro

Aos vossos lugares, preparem-se...Vão!

Sabia que existem cerca de 7.000 línguas diferentes no mundo? As palavras são preciosas.

Adoramos línguas e temos trabalhado arduamente para criar livros da mais alta qualidade para si. Os nossos ingredientes?

Uma selecção de tópicos adequados à aprendizagem, três boas porções de entretenimento, e depois acrescentamos uma colherada de palavras difíceis e uma pitada de palavras raras. Servimo-los com amor e máximo divertimento, para que possa resolver os melhores jogos de palavras e se divirta a aprender!

A sua opinião é essencial. Pode participar activamente no sucesso deste livro, deixando-nos um comentário. Gostaríamos de saber o que mais lhe agradou nesta edição.

Aqui está um link rápido para a sua página de encomendas:

BestBooksActivity.com/Avaliacoes50

Obrigado pela vossa ajuda e divirtam-se!

A Equipa Inteira

1 - Dirigindo

S	G	T	P	I	C	A	R	B	U	R	A	N	T	E
A	I	N	E	R	F	C	A	M	I	O	N	H	I	G
G	O	C	I	F	F	A	R	T	L	T	A	Z	N	D
Q	A	G	U	Q	Q	P	A	D	R	O	M	E	T	A
F	Z	C	E	R	O	T	O	M	U	M	X	U	U	T
P	N	Q	B	E	E	T	N	E	D	I	C	N	I	T
T	E	W	Y	O	G	Z	R	M	R	Y	W	U	T	E
X	C	D	J	M	A	G	Z	A	P	P	A	M	D	N
C	I	A	O	U	G	N	O	A	S	T	W	N	Q	Z
W	L	P	T	N	H	K	I	I	B	P	C	L	W	I
N	S	U	U	T	A	U	U	Z	N	D	O	M	P	O
G	A	R	A	G	E	L	I	I	Q	H	D	R	C	N
S	T	R	A	D	A	Z	E	L	Q	T	W	H	T	E
T	U	N	N	E	L	O	L	O	C	I	R	E	P	O
H	X	O	X	P	N	U	O	P	K	W	I	D	J	T

INCIDENTE
CAMION
AUTO
CARBURANTE
ATTENZIONE
STRADA
FRENI
GARAGE
GAS
LICENZA
MAPPA
MOTO
MOTORE
PEDONALE
PERICOLO
POLIZIA
SICUREZZA
TRASPORTO
TRAFFICO
TUNNEL

2 - Antiguidades

E	Q	A	Q	E	M	G	S	L	S	E	M	R	G	F
L	L	U	I	R	K	O	I	L	I	B	O	M	A	K
I	Z	E	A	O	E	W	N	T	Z	A	Z	G	L	G
T	D	Y	G	L	Y	K	B	E	H	S	Z	P	L	W
S	N	G	M	A	I	L	X	Z	T	C	E	P	E	J
A	S	T	A	V	N	T	U	X	G	E	R	K	R	I
A	R	D	A	H	M	T	À	N	G	U	P	R	I	A
R	E	O	C	I	T	N	E	T	U	A	U	N	A	R
T	S	T	B	L	A	S	C	U	L	T	U	R	A	T
I	T	I	S	E	C	O	L	O	R	B	B	Q	U	E
C	A	L	I	N	V	E	S	T	I	M	E	N	T	O
O	U	O	T	A	N	O	I	S	S	A	P	P	A	Q
L	R	S	D	E	C	O	R	A	T	I	V	O	R	R
O	O	N	F	U	R	U	B	K	K	K	R	L	A	B
F	O	I	H	C	C	E	V	R	K	C	N	M	Y	G

ARTE
AUTENTICO
DECORATIVO
ELEGANTE
APPASSIONATO
SCULTURA
STILE
GALLERIA
INSOLITO
INVESTIMENTO
ARTICOLO
ASTA
MOBILIO
MONETE
PREZZO
QUALITÀ
RESTAURO
SECOLO
VALORE
VECCHIO

3 - Churrascos

S	P	M	U	S	I	C	A	F	J	F	I	I	W	O
L	I	R	R	F	K	C	Q	M	T	A	N	N	E	H
A	K	P	A	I	K	E	P	E	P	M	S	V	Y	L
W	M	M	I	N	I	N	L	I	P	I	A	I	P	T
B	Z	Q	L	I	Z	A	J	O	G	G	L	T	G	J
A	H	O	G	B	V	O	H	D	X	L	A	O	H	Y
L	O	H	I	M	N	E	L	P	Y	I	T	I	C	S
I	S	H	R	A	D	Y	R	L	Y	A	E	I	R	A
Y	C	B	G	B	T	L	P	D	O	S	A	L	E	L
O	Y	G	I	O	C	H	I	O	U	P	J	L	C	S
P	P	S	X	D	L	G	S	P	W	R	F	E	H	A
K	K	X	R	L	E	S	T	A	T	E	E	T	F	H
F	J	F	K	A	T	T	U	R	F	I	E	L	N	L
K	F	C	U	C	C	F	A	M	E	L	E	O	J	I
P	O	M	O	D	O	R	I	J	X	S	E	C	C	G

PRANZO
INVITO
BAMBINI
COLTELLI
FAMIGLIA
FAME
POLLO
FRUTTA
GRIGLIA
CENA
GIOCHI
VERDURE
SALSA
MUSICA
PEPE
CALDO
SALE
INSALATE
POMODORI
ESTATE

4 - Geologia

C	A	L	T	O	P	I	A	N	O	E	D	P	L	K
D	A	E	R	O	S	I	O	N	E	L	Y	J	A	L
P	M	V	S	T	A	L	A	T	T	I	T	E	C	P
E	T	N	E	N	I	T	N	O	C	S	T	O	I	I
X	P	H	L	R	O	Y	S	J	Q	S	A	Z	D	E
K	O	L	S	X	N	C	T	C	T	O	V	L	O	T
O	C	I	D	W	A	A	A	O	A	F	A	G	E	R
O	S	B	Y	S	C	F	L	R	B	L	L	C	J	A
C	O	R	A	L	L	O	A	L	M	X	C	Q	T	N
T	S	P	P	B	U	M	G	F	Y	Q	R	I	K	O
O	I	H	I	A	V	S	M	Z	O	N	A	X	O	T
S	T	R	A	T	O	J	I	Q	U	A	R	Z	O	W
C	C	I	I	M	F	O	T	O	M	E	R	R	E	T
I	J	G	C	E	B	T	I	L	A	R	E	N	I	M
C	R	I	S	T	A	L	L	I	Q	B	I	S	C	K

ACIDO
STRATO
CAVERNA
CALCIO
CONTINENTE
CORALLO
CRISTALLI
EROSIONE
STALATTITE
STALAGMITI
FOSSILE
LAVA
MINERALI
PIETRA
ALTOPIANO
QUARZO
SALE
TERREMOTO
VULCANO
ZONA

5 - Ética

D	À	E	G	E	N	T	I	L	E	Z	Z	A	C	X
P	T	Y	N	O	T	T	I	M	I	S	M	O	P	N
P	I	E	S	O	D	I	G	N	I	T	À	H	Y	L
A	L	T	R	U	I	S	M	O	V	A	L	O	R	I
N	A	F	G	A	W	S	R	E	A	L	I	S	M	O
L	N	Z	F	Z	R	I	S	P	E	T	T	O	S	O
N	O	W	E	N	O	M	U	A	R	F	J	I	U	F
X	I	A	D	A	X	O	L	L	P	P	H	A	M	I
M	Z	Z	J	R	Q	O	N	P	G	M	U	W	A	L
P	A	Z	I	E	N	Z	A	E	J	L	O	S	N	O
X	R	E	Y	L	P	G	C	Q	S	D	Y	C	I	S
Z	T	G	E	L	K	U	D	M	B	T	T	A	T	O
W	Q	G	S	O	U	Q	G	K	X	T	À	F	À	F
Q	U	A	À	T	I	R	G	E	T	N	I	M	Q	I
Q	M	S	K	M	H	B	E	N	E	V	O	L	O	A

ALTRUISMO
BENEVOLO
GENTILEZZA
COMPASSIONE
DIGNITÀ
FILOSOFIA
ONESTÀ
UMANITÀ
INTEGRITÀ
OTTIMISMO
PAZIENZA
RAZIONALITÀ
REALISMO
RISPETTOSO
SAGGEZZA
TOLLERANZA
VALORI

6 - Tempo

U	J	E	O	W	D	J	C	F	Z	D	O	M	C	M
P	T	J	I	B	E	S	I	L	D	E	O	I	A	E
T	A	N	A	M	I	T	T	E	S	C	N	N	L	Z
X	R	S	S	N	S	F	T	M	B	E	P	U	E	Z
D	O	W	S	P	A	W	K	N	N	N	O	T	N	O
B	Z	A	Q	A	G	H	S	A	O	N	W	O	D	G
W	X	N	Y	R	T	I	A	E	T	I	P	B	A	I
F	S	N	E	N	B	O	O	I	T	O	S	Q	R	O
Q	U	O	L	O	C	E	S	R	E	S	E	M	I	R
T	S	T	B	C	D	J	Y	E	N	B	E	F	O	N
U	I	F	U	K	I	K	O	I	G	O	L	O	R	O
E	S	L	S	R	M	O	M	E	N	T	O	Y	M	F
B	Q	G	P	H	O	A	N	N	U	A	L	E	B	S
P	R	I	M	A	N	I	T	T	A	M	T	X	R	K
O	G	G	I	N	R	X	L	Z	E	I	I	H	H	O

ANNO
PRIMA
ANNUALE
CALENDARIO
DECENNIO
GIORNO
FUTURO
OGGI
ORA
MATTINA
MEZZOGIORNO
MESE
MINUTO
MOMENTO
NOTTE
IERI
PASSATO
OROLOGIO
SETTIMANA
SECOLO

7 - Astronomia

A	T	E	N	A	I	P	I	G	P	S	R	S	F	K
S	T	J	S	N	A	S	T	R	O	N	O	M	O	U
T	O	E	B	U	D	Q	Q	I	S	S	I	L	C	E
R	M	T	R	L	J	F	M	I	T	O	Z	Z	A	R
O	P	K	Q	R	D	Q	A	S	O	L	U	B	E	N
N	D	K	J	Y	A	U	Y	M	E	A	B	H	C	K
A	F	Y	O	I	R	O	T	A	V	R	E	S	S	O
U	R	B	B	N	I	C	F	N	Z	E	Y	A	K	X
T	D	O	E	N	O	I	Z	A	I	D	A	R	S	W
A	C	P	E	A	B	E	D	I	O	R	E	T	S	A
N	T	O	X	T	G	L	G	R	A	V	I	T	À	X
X	B	U	S	K	E	O	U	N	I	V	E	R	S	O
R	U	M	S	M	Q	M	Y	A	E	R	O	F	B	M
I	N	H	F	Y	O	E	Q	U	I	N	O	Z	I	O
S	U	P	E	R	N	O	V	A	A	C	O	M	A	B

ASTEROIDE
ASTRONAUTA
ASTRONOMO
CIELO
COSMO
ECLISSI
EQUINOZIO
RAZZO
GRAVITÀ
LUNA
METEORA
NEBULOSA
OSSERVATORIO
PIANETA
RADIAZIONE
SOLARE
SUPERNOVA
TERRA
UNIVERSO

8 - Acampamento

I	M	D	J	O	F	A	M	A	C	A	M	O	Y	F
Z	N	K	W	R	U	R	K	I	L	A	M	I	N	A
A	T	S	P	M	O	U	C	R	K	O	N	N	F	Q
D	F	J	E	S	C	T	A	N	U	L	S	C	J	Y
W	A	X	O	T	O	A	C	F	Y	L	T	S	J	G
C	O	R	D	A	T	N	C	E	X	E	E	X	U	K
M	N	O	B	U	W	O	I	B	Z	P	N	D	S	B
C	A	G	I	Z	Q	J	A	N	N	P	D	H	C	M
A	C	P	A	L	B	E	R	I	S	A	A	Z	F	O
B	B	T	P	H	X	I	A	T	I	C	O	Y	Q	N
I	Z	Q	H	A	R	U	T	N	E	V	V	A	T	T
N	A	E	D	A	M	F	O	R	E	S	T	A	A	A
A	S	N	F	L	Y	U	R	Z	I	L	A	G	O	G
A	T	T	R	E	Z	Z	A	T	U	R	A	C	J	N
O	I	T	G	C	K	Y	B	L	N	P	R	M	A	A

ANIMALI
AVVENTURA
ALBERI
BUSSOLA
CABINA
CACCIA
CANOA
CAPPELLO
CORDA
ATTREZZATURA
FORESTA
FUOCO
INSETTO
LAGO
LUNA
AMACA
MAPPA
MONTAGNA
NATURA
TENDA

9 - Ficção Científica

T	N	I	O	L	O	C	A	R	O	J	B	G	G	T
G	E	K	D	O	C	I	T	S	I	R	U	T	U	F
R	A	C	A	I	T	N	O	C	O	U	F	U	M	X
L	O	L	N	K	X	H	M	U	T	O	P	I	A	R
X	U	B	A	O	O	C	I	T	S	A	T	N	A	F
G	N	U	O	S	L	T	C	W	X	T	O	I	R	C
J	H	D	W	T	S	O	O	Q	R	S	J	L	E	I
E	S	D	R	O	T	I	G	K	X	L	A	L	A	N
P	I	A	N	E	T	A	A	I	Z	I	S	U	L	E
D	I	S	T	O	P	I	A	M	A	B	Z	S	I	M
E	S	T	R	E	M	O	E	N	Q	R	M	I	S	A
E	S	P	L	O	S	I	O	N	E	I	O	O	T	D
M	I	S	T	E	R	I	O	S	O	N	N	N	I	R
I	M	M	A	G	I	N	A	R	I	O	D	E	C	G
U	E	I	Q	L	J	N	L	Y	J	P	O	L	O	Y

ATOMICO
CINEMA
DISTOPIA
ESPLOSIONE
ESTREMO
FANTASTICO
FUOCO
FUTURISTICO
GALASSIA
ILLUSIONE
IMMAGINARIO
LIBRI
MISTERIOSO
MONDO
ORACOLO
PIANETA
REALISTICO
ROBOT
TECNOLOGIA
UTOPIA

10 - Mitologia

C	D	E	L	A	T	R	O	M	U	O	J	O	J	I
R	I	R	C	A	G	U	E	R	R	I	E	R	O	M
E	S	O	R	D	B	A	H	S	S	E	Z	T	C	M
A	A	E	E	N	H	I	P	R	S	P	L	S	U	O
Z	S	R	A	E	M	F	R	T	U	O	N	O	L	R
I	T	G	T	G	R	A	F	I	I	W	G	M	T	T
O	R	B	U	G	S	K	G	D	N	T	Y	X	U	A
N	O	J	R	E	E	S	Z	I	W	T	G	B	R	L
E	J	G	A	L	Y	A	W	Q	C	O	O	F	A	I
Z	E	F	U	L	M	I	N	E	G	O	E	Z	J	T
F	C	O	M	P	O	R	T	A	M	E	N	T	O	À
W	O	A	R	C	H	E	T	I	P	O	P	G	S	O
N	Q	R	N	F	T	Z	G	E	L	O	S	I	A	O
H	Q	W	Z	V	E	N	D	E	T	T	A	K	T	E
C	U	I	W	A	N	I	O	R	E	Z	B	I	A	Q

ARCHETIPO
GELOSIA
COMPORTAMENTO
CREAZIONE
CREATURA
CULTURA
DISASTRO
FORZA
GUERRIERO
EROINA
EROE
IMMORTALITÀ
LABIRINTO
LEGGENDA
MAGICO
MOSTRO
MORTALE
FULMINE
TUONO
VENDETTA

11 - Medições

P	P	D	T	P	Y	A	Q	G	C	K	D	L	H	M
O	M	M	A	R	G	Z	B	P	H	W	Q	U	Y	D
L	D	T	L	Z	O	Z	Y	E	I	O	X	G	Y	G
L	E	O	A	R	M	E	T	S	L	B	J	U	C	T
I	C	N	R	D	M	T	E	O	O	O	N	C	I	A
C	I	N	G	P	A	L	I	G	M	K	B	E	K	M
E	M	E	H	S	R	A	Z	Z	E	H	G	N	U	L
M	A	L	E	C	G	O	J	R	T	M	H	M	P	R
U	L	L	Z	J	O	R	F	P	R	R	A	I	I	X
L	E	A	Z	H	L	T	M	O	O	G	K	S	S	G
O	P	T	A	J	I	I	Z	E	N	M	E	M	S	F
V	A	A	R	G	H	L	O	P	T	D	U	X	B	A
Q	O	H	L	U	C	B	I	A	A	R	I	L	E	A
M	I	N	U	T	O	D	A	R	G	Q	O	T	U	L
C	E	N	T	I	M	E	T	R	O	A	A	M	À	Q

ALTEZZA
BYTE
CENTIMETRO
LUNGHEZZA
DECIMALE
GRAMMO
GRADO
LARGHEZZA
LITRO
MASSA
METRO
MINUTO
ONCIA
PESO
POLLICE
PROFONDITÀ
CHILOGRAMMO
CHILOMETRO
TONNELLATA
VOLUME

12 - Álgebra

I	N	F	I	N	I	T	O	K	O	F	X	E	R	D
P	A	R	E	N	T	E	S	I	K	A	Z	Y	O	I
Z	D	B	E	N	O	I	Z	A	R	T	T	O	S	A
J	E	Z	H	U	S	F	I	S	U	T	N	M	E	G
I	N	R	E	N	O	I	Z	U	L	O	S	A	S	R
R	W	Q	O	E	R	J	R	X	C	R	Q	T	P	A
W	A	E	N	O	I	Z	A	U	Q	E	B	R	O	M
S	E	M	P	L	I	F	I	C	A	R	E	I	N	M
P	R	O	B	L	E	M	A	M	M	O	S	C	E	A
D	X	S	F	Z	K	R	D	M	N	N	C	E	N	X
K	Q	L	E	L	I	B	A	I	R	A	V	W	T	F
J	Z	A	I	D	J	Y	Z	E	G	N	D	I	E	P
Q	J	F	S	B	À	T	I	T	N	A	U	Q	Z	H
F	O	R	M	U	L	A	E	N	O	I	Z	A	R	F
N	U	M	E	R	O	Y	T	Y	O	T	L	X	X	Q

DIAGRAMMA
EQUAZIONE
ESPONENTE
FALSO
FATTORE
FORMULA
FRAZIONE
INFINITO
LINEARE
MATRICE
NUMERO
PARENTESI
PROBLEMA
QUANTITÀ
SEMPLIFICARE
SOLUZIONE
SOMMA
SOTTRAZIONE
VARIABILE
ZERO

13 - Plantas

I	E	R	O	I	F	I	A	Q	A	M	Y	K	H	O
L	D	G	J	D	T	Z	K	R	P	D	M	Y	K	P
B	E	F	S	A	C	A	C	T	U	S	T	X	E	C
A	R	F	E	R	T	I	L	I	Z	Z	A	N	T	E
C	A	B	J	O	Ù	L	P	M	G	N	R	R	F	F
C	T	G	O	M	B	G	P	K	Z	M	O	A	A	O
A	S	I	I	T	M	O	O	E	Y	G	L	D	G	G
Y	E	A	L	C	A	F	B	C	T	A	F	I	I	L
O	R	R	G	Z	B	N	E	O	L	A	Q	C	O	I
F	O	D	U	M	E	K	I	R	M	L	L	E	L	A
M	F	I	P	K	Q	R	M	C	B	F	W	O	O	M
L	O	N	S	F	T	U	S	B	A	A	O	X	A	E
D	G	O	E	N	O	I	Z	A	T	E	G	E	V	H
X	Y	A	C	D	F	K	E	R	L	A	A	H	W	R
M	U	S	C	H	I	O	R	E	B	L	A	O	O	N

CESPUGLIO
ALBERO
BACCA
BAMBÙ
BOTANICA
CACTUS
ERBA
FAGIOLO
FERTILIZZANTE
FIORE
FLORA
FORESTA
FOGLIA
FOGLIAME
EDERA
GIARDINO
MUSCHIO
PETALO
RADICE
VEGETAZIONE

14 - Veículos

C	Q	F	O	B	B	T	R	A	T	T	O	R	E	E
P	A	Y	A	P	A	T	T	E	V	A	N	S	S	L
N	Z	R	N	F	R	Z	Q	N	Z	X	J	C	F	I
E	J	X	A	X	C	J	Z	G	G	I	M	O	O	C
U	W	B	T	V	A	A	U	T	O	B	J	O	B	O
M	O	N	I	R	A	M	O	T	T	O	S	T	I	T
A	Z	O	L	N	A	N	E	T	L	F	U	E	C	T
T	Z	I	O	H	P	J	R	B	M	J	B	R	I	E
I	A	M	P	K	U	W	E	T	T	W	O	Q	C	R
C	R	A	O	M	F	J	A	H	I	A	T	T	L	O
I	R	C	R	H	O	L	E	D	D	E	U	X	E	F
X	I	T	T	Y	O	T	T	E	H	G	A	R	T	R
A	T	T	E	T	D	W	O	I	U	W	J	U	T	O
T	T	C	M	R	A	Q	A	R	T	G	A	A	A	T
Z	A	T	T	E	R	A	M	M	E	W	C	M	Q	K

AEREO
TRAGHETTO
BARCA
BICICLETTA
CAMION
CARAVAN
AUTO
RAZZO
ELICOTTERO
ZATTERA
SCOOTER
METROPOLITANA
MOTORE
AUTOBUS
PNEUMATICI
SOTTOMARINO
TAXI
NAVETTA
TRATTORE

15 - Engenharia

B	S	D	C	X	P	L	U	N	U	S	P	D	D	B
K	T	I	O	H	R	M	R	D	H	P	S	I	I	W
K	A	M	S	B	O	I	F	K	C	F	M	A	A	L
R	B	E	T	S	P	S	A	Z	R	O	F	M	G	O
X	I	N	R	L	U	U	R	N	G	Q	P	E	R	K
E	L	S	U	I	L	R	U	A	G	E	B	T	A	D
N	I	I	Z	Q	S	A	T	M	S	O	B	R	M	M
E	T	O	I	U	I	Z	T	O	D	S	L	O	M	Z
R	À	N	O	I	O	I	U	T	P	P	E	O	A	Q
G	X	I	N	D	N	O	R	O	L	O	C	L	A	C
I	P	X	E	O	E	N	T	R	D	I	E	S	E	L
A	P	O	P	P	G	E	S	E	C	N	A	T	S	T
D	I	S	T	R	I	B	U	Z	I	O	N	E	E	P
A	T	T	R	I	T	O	M	A	C	C	H	I	N	A
P	R	O	F	O	N	D	I	T	À	T	I	E	O	L

ATTRITO
ANGOLO
CALCOLO
COSTRUZIONE
DIAGRAMMA
DIAMETRO
DIESEL
DIMENSIONI
DISTRIBUZIONE
ASSE

ENERGIA
STABILITÀ
STRUTTURA
FORZA
LIQUIDO
MACCHINA
MISURAZIONE
MOTORE
PROFONDITÀ
PROPULSIONE

16 - Restaurante # 2

O	T	F	Z	F	R	F	X	M	U	B	B	F	C	D
V	G	A	L	I	C	V	R	F	M	O	O	Q	A	S
I	P	R	I	O	L	U	E	Y	F	X	V	W	M	A
T	N	T	A	W	W	L	I	R	K	O	F	A	E	L
I	C	S	X	D	I	F	Z	B	D	R	Q	N	R	E
R	K	E	A	T	H	H	E	F	S	U	D	E	I	F
E	S	N	S	L	J	X	P	U	C	O	R	C	E	O
P	J	I	X	I	A	G	S	B	B	F	G	E	R	R
A	S	M	K	H	B	T	O	E	Q	U	H	E	E	C
A	C	Q	U	A	D	N	A	V	E	B	I	F	P	H
C	U	C	C	H	I	A	I	O	M	L	A	R	R	E
S	E	D	I	A	B	R	H	H	G	C	C	U	A	T
T	O	R	T	A	T	R	Z	N	N	F	C	T	N	T
D	E	L	I	Z	I	O	S	O	W	J	I	T	Z	A
H	P	E	S	C	E	F	C	J	W	L	O	A	O	W

PRANZO
APERITIVO
ACQUA
BEVANDA
TORTA
SEDIA
CUCCHIAIO
DELIZIOSO
SPEZIE
FRUTTA
CAMERIERE
FORCHETTA
GHIACCIO
CENA
VERDURE
UOVA
PESCE
SALE
INSALATA
MINESTRA

17 - Países #2

X	M	O	L	G	A	D	N	A	G	U	A	R	C	Y
L	D	I	G	I	I	L	R	U	S	S	I	A	U	L
E	U	S	R	Z	S	A	I	C	E	R	G	G	Q	C
Z	K	O	Z	S	E	P	M	M	E	S	S	I	C	O
J	D	M	X	W	N	E	G	A	F	C	O	X	H	E
R	S	A	C	S	O	N	A	B	I	L	A	P	Z	I
A	K	L	N	S	D	A	J	L	T	C	L	A	K	I
P	P	I	M	H	N	L	B	J	I	D	A	Q	L	U
N	A	A	H	T	I	B	Z	P	A	G	C	P	A	P
I	D	K	Y	I	P	A	Y	I	H	N	A	L	A	T
G	N	A	I	A	I	N	G	I	A	P	P	O	N	E
E	A	K	M	S	P	I	S	W	P	Y	S	X	H	J
R	L	Y	S	N	T	A	C	R	A	M	I	N	A	D
I	R	H	F	Z	G	A	N	I	A	R	C	U	O	U
A	I	C	N	A	R	F	N	S	I	R	I	A	E	I

ALBANIA
DANIMARCA
FRANCIA
GRECIA
HAITI
INDONESIA
IRLANDA
GIAMAICA
GIAPPONE
LAOS
LIBANO
MESSICO
NEPAL
NIGERIA
PAKISTAN
RUSSIA
SIRIA
SOMALIA
UCRAINA
UGANDA

18 - Cozinha

P	B	T	O	V	A	G	L	I	O	L	O	U	M	C
M	R	E	U	G	R	E	M	B	I	U	L	E	A	O
F	O	B	O	L	L	I	T	O	R	E	Y	Q	N	N
R	C	E	S	S	J	L	T	F	F	Z	C	J	G	G
I	C	Y	A	D	Y	L	C	A	O	X	J	P	I	E
G	A	H	V	W	T	E	I	L	Z	R	G	X	A	L
O	S	I	Y	L	X	T	O	A	A	Z	N	C	R	A
R	P	J	L	L	E	L	T	M	R	C	E	O	E	T
I	U	U	G	G	Z	O	O	E	I	U	N	C	J	O
F	G	E	Q	G	I	C	L	S	C	C	W	P	Q	R
E	N	I	Q	C	Q	R	A	T	E	C	D	C	O	E
R	A	O	E	H	B	W	G	O	T	H	F	W	Z	R
O	S	P	E	Z	I	E	S	L	T	I	J	U	K	U
N	P	P	N	L	S	D	O	O	A	A	A	B	L	T
B	A	C	C	H	E	T	T	E	Q	I	K	D	J	T

GREMBIULE
BOLLITORE
CUCCHIAI
MANGIARE
MESTOLO
TAZZE
SPEZIE
SPUGNA
COLTELLI
FORNO
CONGELATORE
FRIGORIFERO
GRIGLIA
TOVAGLIOLO
VASO
BROCCA
BACCHETTE
RICETTA
CIOTOLA

19 - Material de Arte

N	O	R	J	P	P	M	A	H	O	J	N	R	C	L
K	E	B	K	F	A	A	C	T	S	O	C	T	O	C
A	C	Q	U	A	S	T	Q	O	A	E	B	U	L	R
S	S	E	W	M	T	I	U	B	R	V	D	B	L	E
J	P	G	P	M	E	T	E	G	E	C	O	I	A	A
C	D	A	A	O	L	E	R	Q	M	A	C	L	A	T
P	F	C	Z	G	L	U	E	W	A	R	I	T	O	I
N	U	B	H	Z	I	B	L	E	C	B	L	R	V	V
S	G	F	P	L	O	I	L	O	E	O	I	S	E	I
E	I	F	F	I	B	L	I	L	L	N	R	X	R	T
A	R	G	I	L	L	A	E	H	E	E	C	R	N	À
P	O	T	O	G	P	F	H	A	T	R	A	C	I	A
M	L	C	A	V	A	L	L	E	T	T	O	Z	C	I
G	O	I	N	C	H	I	O	S	T	R	O	O	I	W
K	C	U	P	L	R	C	W	N	I	J	Q	F	C	N

ACRILICO
GOMMA
ACQUERELLI
ARGILLA
ACQUA
SEDIA
CARBONE
CAVALLETTO
TELECAMERA
COLLA
COLORI
CREATIVITÀ
SPAZZOLE
MATITE
TAVOLO
OLIO
CARTA
PASTELLI
INCHIOSTRO
VERNICI

20 - Números

D	E	U	K	A	T	C	I	S	F	E	W	C	O	R
Q	E	T	T	E	S	Q	T	R	E	D	I	C	I	W
U	U	C	D	I	C	I	O	T	T	O	C	T	L	D
A	Q	X	I	I	Z	S	T	O	L	R	I	R	N	I
T	N	K	P	M	Q	H	T	E	S	T	D	E	J	C
T	I	U	R	Z	A	N	O	V	E	T	E	I	S	I
O	C	E	X	L	M	L	I	F	H	A	S	S	N	A
R	Z	E	R	O	P	H	E	H	A	U	N	H	M	S
D	R	Z	W	A	Y	M	N	M	K	Q	M	Z	O	S
I	P	S	G	F	X	G	J	C	W	I	U	W	J	E
C	Q	F	V	T	M	P	H	Y	M	C	H	R	G	T
I	C	R	L	E	O	M	I	N	D	I	E	C	I	T
G	O	Y	G	U	N	G	O	X	Q	D	X	F	B	E
B	Z	M	J	D	U	T	Z	E	T	O	C	C	E	W
P	G	G	J	K	E	M	I	C	I	D	N	I	U	Q

CINQUE
DECIMALE
DIECI
SEDICI
DICIASSETTE
DICIOTTO
DUE
DODICI
NOVE
OTTO
QUATTORDICI
QUATTRO
QUINDICI
SEI
SETTE
TREDICI
TRE
UNO
VENTI
ZERO

21 - Física

Q	A	M	A	G	N	E	T	I	S	M	O	N	V	J
E	L	E	T	T	R	O	N	E	R	C	N	U	E	A
A	L	X	L	F	C	A	T	O	M	O	A	C	L	L
R	E	O	U	R	I	H	G	Q	A	X	X	L	O	O
E	C	B	J	E	U	P	I	R	I	T	N	E	C	C
L	I	W	C	Q	N	L	L	M	A	P	Q	A	I	E
A	T	A	H	U	I	A	W	M	I	V	X	R	T	L
T	R	K	Q	E	V	L	K	E	S	C	I	E	À	O
I	A	M	H	N	E	U	R	C	E	R	O	T	O	M
V	P	H	X	Z	R	M	N	C	K	W	R	C	À	N
I	S	S	J	A	S	R	K	A	R	K	C	J	Z	M
T	B	E	J	W	A	O	F	N	Y	N	N	R	K	A
À	E	A	P	E	L	F	A	I	U	C	O	H	P	S
À	T	I	S	N	E	D	U	C	S	W	F	G	A	S
G	A	S	U	O	O	K	H	A	A	U	E	G	X	A

ATOMO
CAOS
DENSITÀ
ELETTRONE
FORMULA
FREQUENZA
GAS
GRAVITÀ
MAGNETISMO
MASSA
MECCANICA
MOLECOLA
MOTORE
NUCLEARE
PARTICELLA
CHIMICO
RELATIVITÀ
UNIVERSALE
VELOCITÀ

22 - Especiarias

R	V	X	X	L	Q	Q	C	U	A	A	L	S	F	H
Y	A	G	S	M	B	P	D	U	Q	T	I	A	I	L
R	N	D	Z	J	M	L	P	Y	W	A	Q	L	N	J
U	I	O	M	O	M	A	D	R	A	C	U	E	O	U
F	G	F	W	H	B	C	G	R	A	S	I	C	C	C
L	L	O	A	P	C	I	U	U	C	O	R	U	C	A
F	I	N	H	G	B	D	S	C	I	M	I	M	H	N
K	A	A	M	N	L	O	T	C	P	E	Z	I	I	N
T	W	R	M	L	S	I	O	I	O	C	I	N	O	E
O	Z	E	U	A	K	O	O	C	L	O	A	O	E	L
P	Z	F	B	C	R	W	O	Q	L	N	C	Z	H	L
E	S	F	W	O	L	O	D	N	A	I	R	O	C	A
P	P	A	T	L	F	A	N	I	C	E	U	B	K	U
E	Z	Z	Z	E	N	Z	E	R	O	B	G	M	A	P
I	D	L	G	O	F	N	X	D	O	L	C	E	M	J

ZAFFERANO
LIQUIRIZIA
AGLIO
AMARO
ANICE
ACIDO
VANIGLIA
CANNELLA
CARDAMOMO
CURRY
CIPOLLA
CORIANDOLO
CUMINO
DOLCE
FINOCCHIO
ZENZERO
NOCE MOSCATA
PEPE
GUSTO
SALE

23 - Países #1

Q	G	E	R	M	A	N	I	A	A	H	L	H	C	F
C	A	N	A	D	A	S	U	M	A	L	I	P	A	I
W	N	R	O	D	A	U	C	E	N	B	J	A	M	N
Q	Q	A	I	H	B	J	I	W	G	W	N	N	B	L
E	G	I	T	T	O	R	T	M	A	I	A	A	O	A
M	X	T	T	H	W	A	A	W	P	G	L	M	G	N
I	S	R	A	E	L	E	N	S	S	F	E	A	I	D
M	Z	A	Z	M	D	X	I	N	I	U	U	S	A	I
P	A	O	C	H	N	Y	C	O	R	L	Z	E	I	A
T	I	R	X	E	O	A	A	R	T	U	E	N	N	A
W	L	Q	O	L	S	S	R	V	D	A	N	E	O	A
R	A	B	R	C	M	L	A	E	W	C	E	G	L	D
D	T	I	G	P	C	J	G	G	A	L	V	A	O	F
W	I	U	A	F	J	O	U	I	J	Q	P	L	P	I
Z	A	S	J	W	G	C	A	A	M	I	N	D	I	A

GERMANIA
BRASILE
CAMBOGIA
CANADA
EGITTO
ECUADOR
SPAGNA
FINLANDIA
IRAQ
ISRAELE
ITALIA
INDIA
MALI
MAROCCO
NICARAGUA
NORVEGIA
PANAMA
POLONIA
SENEGAL
VENEZUELA

24 - A Mídia

P	U	B	B	L	I	C	O	C	L	I	C	X	I	W
G	R	A	D	I	O	M	T	O	N	N	C	H	N	C
E	I	G	R	K	P	Z	O	M	O	T	A	Z	D	O
L	D	O	Z	B	W	H	F	M	Y	E	Z	E	U	M
X	E	I	R	O	F	Y	Y	E	K	L	X	N	S	U
F	L	R	Z	N	J	K	K	R	D	L	O	O	T	N
D	A	W	B	I	A	H	A	C	Z	E	K	I	R	I
I	U	T	K	Q	O	L	J	I	D	T	Y	N	I	C
G	D	T	T	Q	Y	N	I	A	T	T	N	I	A	A
I	I	D	B	I	C	S	E	L	H	U	A	P	H	Z
T	V	N	Z	P	F	N	T	E	L	A	C	O	L	I
A	I	W	I	R	J	K	E	N	I	L	N	O	J	O
L	D	Z	B	X	B	L	R	F	I	E	D	C	K	N
E	N	E	D	U	C	A	Z	I	O	N	E	X	X	E
W	I	T	N	E	M	A	I	G	G	E	T	T	A	Q

ATTEGGIAMENTI
COMMERCIALE
COMUNICAZIONE
DIGITALE
EDIZIONE
EDUCAZIONE
FATTI
FOTO
INDIVIDUALE
INDUSTRIA
INTELLETTUALE
GIORNALI
LOCALE
ONLINE
OPINIONE
PUBBLICO
RADIO
RETE

25 - Casa

G	C	A	N	P	D	C	O	O	A	P	O	C	S	B
F	I	H	O	Z	R	U	B	I	N	E	T	T	O	I
I	J	A	I	G	C	M	Q	L	I	T	F	F	N	B
N	Z	Q	R	A	O	T	N	I	C	E	R	H	I	L
E	S	X	C	D	V	H	F	B	U	R	A	S	M	I
S	D	W	M	X	I	I	F	O	C	A	T	O	A	O
T	C	J	N	F	B	N	P	M	O	P	T	F	C	T
R	A	A	H	Y	F	L	O	S	L	K	I	F	P	E
A	U	C	M	T	A	P	P	E	T	O	C	I	Q	C
G	F	E	I	E	T	Z	S	Y	U	G	O	T	I	A
N	H	U	S	Q	R	L	D	K	G	A	D	T	N	Q
S	F	C	S	M	O	A	M	W	R	R	G	O	N	C
R	T	X	I	D	P	S	Y	M	X	A	S	E	H	W
D	O	C	C	I	A	E	P	Z	I	G	Q	A	Q	C
S	P	E	C	C	H	I	O	B	W	E	D	N	E	T

BIBLIOTECA
RECINTO
CHIAVI
DOCCIA
TENDE
CUCINA
SPECCHIO
GARAGE
FINESTRA
GIARDINO
CAMINO
MOBILIO
PARETE
PORTA
CAMERA
ATTICO
TAPPETO
SOFFITTO
RUBINETTO
SCOPA

26 - Vegetais

I	R	Y	O	S	B	K	C	W	O	Q	B	G	F	F
N	H	K	L	C	Q	A	N	A	Z	N	A	L	E	M
S	J	Z	O	P	F	Z	J	G	R	R	T	P	Z	Q
A	C	U	M	I	O	U	A	U	O	O	S	S	G	M
L	A	C	E	S	F	Y	N	Y	N	J	T	D	F	I
A	R	C	Z	E	P	P	Z	G	G	Z	K	A	B	L
T	C	A	Z	L	F	H	W	H	O	N	A	D	E	S
A	I	Y	E	L	C	I	P	O	L	L	A	F	I	Y
I	O	G	R	O	J	T	A	T	A	T	A	P	F	L
W	F	S	P	I	N	A	C	I	C	J	O	C	A	A
H	O	Z	E	N	Z	E	R	O	S	W	B	Y	G	R
C	E	T	R	I	O	L	O	N	R	Q	N	L	L	I
B	R	O	C	C	O	L	O	X	D	N	F	Z	I	D
R	R	A	V	A	N	E	L	L	O	U	Q	U	O	D
P	O	M	O	D	O	R	O	T	Y	F	H	A	Z	A

ZUCCA
SEDANO
CARCIOFO
AGLIO
PATATA
MELANZANA
BROCCOLO
CIPOLLA
CAROTA
SCALOGNO
FUNGO
PISELLO
SPINACI
ZENZERO
RAPA
CETRIOLO
RAVANELLO
INSALATA
PREZZEMOLO
POMODORO

27 - Balé

H	U	N	B	P	R	A	T	I	C	A	A	C	O	P
H	C	Z	O	A	C	I	S	U	M	N	G	O	R	U
P	R	O	V	A	L	D	T	B	M	S	U	R	C	B
E	I	N	I	R	E	L	L	A	B	Q	U	E	H	B
M	S	J	B	N	W	U	E	L	I	T	S	O	E	L
R	R	P	A	M	D	Q	O	R	E	B	J	G	S	I
I	Q	L	R	R	T	U	G	Y	I	W	T	R	T	C
T	Z	D	J	E	T	U	G	W	G	N	N	A	R	O
M	U	N	M	J	S	I	Z	T	D	M	A	F	A	L
O	G	E	S	T	O	S	S	U	F	H	N	I	C	O
A	B	I	L	I	T	À	I	T	H	S	A	A	I	S
G	R	A	Z	I	O	S	O	V	I	C	S	K	N	S
A	P	P	L	A	U	S	O	I	O	C	G	I	C	A
C	O	M	P	O	S	I	T	O	R	E	O	Y	E	R
T	J	I	M	I	N	T	E	N	S	I	T	À	T	P

APPLAUSO
ARTISTICO
BALLERINA
COMPOSITORE
COREOGRAFIA
BALLERINI
PROVA
STILE
ESPRESSIVO
GESTO
GRAZIOSO
ABILITÀ
INTENSITÀ
MUSICA
ORCHESTRA
PRATICA
PUBBLICO
RITMO
ASSOLO
TECNICA

28 - Adjetivos #1

Z	F	X	Q	W	H	T	X	U	G	J	A	A	G	I
G	T	Z	I	M	X	I	K	H	A	N	L	R	E	M
T	U	I	D	E	N	T	I	C	O	X	O	T	N	P
X	Z	R	Y	O	T	U	L	O	S	S	A	I	E	O
M	S	C	Y	L	I	X	Z	C	J	P	B	S	R	R
A	O	M	I	S	T	E	R	I	O	S	O	T	O	T
E	T	D	I	W	U	V	Y	T	I	T	R	I	S	A
D	N	T	E	C	I	A	G	A	F	R	O	C	O	N
N	E	O	R	R	X	R	Z	M	R	R	T	O	Y	T
A	L	O	R	A	N	G	F	O	C	I	T	O	S	E
R	J	W	C	M	E	O	Y	R	F	N	E	R	C	M
G	A	O	T	S	E	N	O	A	W	O	F	U	R	N
S	O	T	T	I	L	E	T	S	X	Y	R	C	L	F
P	E	S	A	N	T	E	C	E	D	F	E	S	Q	B
P	R	E	Z	I	O	S	O	N	T	I	P	M	G	R

ASSOLUTO
AROMATICO
ARTISTICO
ATTRAENTE
ENORME
SCURO
ESOTICO
SOTTILE
GENEROSO
GRANDE
ONESTO
IDENTICO
IMPORTANTE
LENTO
MISTERIOSO
MODERNO
PERFETTO
PESANTE
GRAVE
PREZIOSO

29 - Psicologia

C	P	T	E	R	A	P	I	A	S	U	L	W	L	L
O	E	I	Y	N	G	E	Z	N	E	U	L	F	N	I
M	R	B	E	I	O	I	C	S	N	O	C	B	U	S
P	S	C	L	R	Q	N	Y	G	S	G	A	I	V	P
O	O	K	L	E	F	G	C	K	A	E	P	N	A	E
R	N	B	A	I	Z	O	L	X	Z	M	P	F	L	R
T	A	Q	L	S	N	S	A	O	I	O	U	A	U	C
A	L	G	E	N	M	I	P	A	O	Z	N	N	T	E
M	I	O	Z	E	C	B	C	I	N	I	T	Z	A	Z
E	T	S	S	P	X	E	L	O	E	O	A	I	Z	I
N	À	T	L	A	E	R	A	A	X	N	M	A	I	O
T	C	O	N	F	L	I	T	T	O	I	E	C	O	N
O	Y	B	P	R	O	B	L	E	M	A	N	Y	N	E
I	N	C	O	N	S	C	I	O	H	P	T	Q	E	D
E	S	P	E	R	I	E	N	Z	E	Q	O	M	A	C

VALUTAZIONE
CLINICO
COMPORTAMENTO
APPUNTAMENTO
CONFLITTO
EGO
EMOZIONI
ESPERIENZE
INCONSCIO
INFANZIA
INFLUENZE
PENSIERI
PERCEZIONE
PERSONALITÀ
PROBLEMA
REALTÀ
SENSAZIONE
SOGNI
SUBCONSCIO
TERAPIA

30 - Paisagens

V	D	B	T	B	G	O	B	O	F	L	O	G	U	P
Z	A	R	A	X	H	W	Q	C	W	R	N	R	J	A
W	J	L	B	W	I	K	U	E	D	S	F	E	P	L
E	C	X	L	R	A	M	A	A	X	F	F	B	P	U
M	A	R	E	E	C	M	G	N	H	I	E	E	T	D
C	X	R	Z	K	C	S	O	O	T	U	H	C	U	E
A	G	D	E	P	I	A	G	N	G	M	F	I	N	B
S	R	F	B	I	A	Z	M	S	T	E	A	Z	D	D
C	O	N	R	D	I	H	U	O	Q	A	I	T	R	E
A	T	P	A	L	O	S	I	N	E	P	G	M	A	S
T	T	C	O	L	L	I	N	A	C	I	G	N	B	E
A	A	O	I	S	O	L	A	C	L	X	A	O	A	R
Z	A	T	A	Z	W	E	Q	L	A	A	I	C	D	T
T	N	G	I	S	T	C	F	U	G	N	P	J	O	O
W	I	E	Q	R	I	U	L	V	O	T	S	T	X	P

CASCATA
GROTTA
COLLINA
DESERTO
GHIACCIAIO
GOLFO
ICEBERG
ISOLA
LAGO
MARE
MONTAGNA
OASI
OCEANO
PALUDE
PENISOLA
SPIAGGIA
FIUME
TUNDRA
VALLE
VULCANO

31 - Dança

F	A	Y	S	G	R	A	Z	I	A	O	M	B	V	O
U	O	S	A	X	N	R	N	H	R	L	O	G	I	T
E	X	E	L	A	R	U	T	L	U	C	V	I	S	C
C	S	N	T	G	H	T	J	K	T	P	I	O	I	O
E	L	P	O	E	Q	L	I	A	S	X	M	I	V	R
A	M	A	R	E	Q	U	L	J	O	D	E	O	O	E
C	A	O	S	E	I	C	Z	X	P	S	N	S	Q	O
C	K	G	Z	S	S	U	X	Y	H	I	T	O	M	G
A	S	I	K	I	I	S	R	L	J	N	O	M	P	R
D	S	O	P	R	O	C	I	A	C	I	S	U	M	A
E	T	R	A	B	W	N	O	V	E	J	L	N	R	F
M	I	C	Y	R	D	W	E	O	O	M	T	I	R	I
I	M	E	Z	Z	O	T	Q	R	G	U	K	Y	L	A
A	F	L	S	O	N	G	A	P	M	O	C	A	A	I
T	R	A	D	I	Z	I	O	N	A	L	E	X	Y	Q

ACCADEMIA
GIOIOSO
ARTE
CLASSICO
COREOGRAFIA
CORPO
CULTURA
CULTURALE
EMOZIONE
PROVA
ESPRESSIVO
GRAZIA
MOVIMENTO
MUSICA
COMPAGNO
POSTURA
RITMO
SALTO
TRADIZIONALE
VISIVO

32 - Nutrição

C	L	G	J	G	A	K	D	F	A	S	M	K	B	Q
A	S	U	E	L	I	B	I	T	S	E	M	M	O	C
L	J	S	H	I	X	Q	G	D	L	M	F	T	T	L
O	L	T	I	F	Y	U	E	B	A	Z	E	O	A	I
R	R	O	O	U	O	A	S	G	S	W	R	S	I	Q
I	X	A	U	H	G	L	T	N	Q	L	M	S	C	U
E	K	P	M	O	R	I	I	F	B	J	E	I	N	I
E	Q	O	N	A	E	T	O	S	E	P	N	N	A	D
E	Y	T	D	T	N	À	N	G	L	J	T	A	L	I
C	A	I	O	E	I	S	E	T	U	L	A	S	I	Q
N	U	T	R	I	E	N	T	E	K	U	Z	C	B	L
G	P	E	W	D	T	S	A	N	O	I	I	O	E	G
J	U	P	T	O	O	X	T	G	A	M	O	L	D	Q
N	N	P	F	U	R	R	Q	Z	G	T	N	R	Z	A
D	M	A	Q	L	P	D	J	M	H	C	E	W	P	X

AMARO
APPETITO
CALORIE
COMMESTIBILE
DIETA
DIGESTIONE
BILANCIATO
FERMENTAZIONE
LIQUIDI
SALSA
NUTRIENTE
PESO
PROTEINE
QUALITÀ
GUSTO
SANO
SALUTE
TOSSINA

33 - Energia

B	A	T	T	E	R	I	A	S	S	I	U	Z	C	E
W	I	D	R	O	G	E	N	O	O	B	H	G	H	C
A	P	M	T	W	G	X	Z	H	L	P	E	B	A	M
A	M	B	I	E	N	T	E	J	E	Z	C	R	I	K
D	I	E	S	E	L	T	U	R	B	I	N	A	R	T
E	R	P	Z	A	C	A	R	B	U	R	A	N	T	E
L	B	D	S	J	P	N	E	D	E	F	C	I	S	R
E	L	I	B	A	V	O	N	N	I	R	A	Z	U	O
T	C	A	L	O	R	E	N	O	O	A	R	N	D	T
T	N	B	D	B	F	I	H	D	O	T	B	E	N	O
R	K	Y	O	L	B	K	O	F	P	V	O	B	I	M
O	E	Y	D	P	L	D	N	S	H	E	N	F	T	I
N	E	L	E	T	T	R	I	C	O	N	I	Q	L	G
E	R	A	E	L	C	U	N	K	U	T	O	I	R	X
E	N	T	R	O	P	I	A	I	G	O	E	S	Q	U

AMBIENTE
BATTERIA
CALORE
CARBONIO
CARBURANTE
DIESEL
ELETTRICO
ELETTRONE
ENTROPIA
FOTONE
BENZINA
IDROGENO
INDUSTRIA
MOTORE
NUCLEARE
RINNOVABILE
SOLE
TURBINA
VENTO

34 - Disciplinas Científicas

F	I	S	I	O	L	O	G	I	A	L	A	K	M	B
A	A	A	C	I	M	I	H	C	O	I	B	I	I	F
A	I	M	O	N	O	R	T	S	A	N	A	N	N	Z
S	G	M	O	K	J	O	W	R	C	G	N	E	E	N
A	O	A	E	D	U	A	U	Q	H	U	A	S	R	W
R	L	C	A	T	I	I	P	D	I	I	T	I	A	G
C	O	I	I	B	E	G	F	Y	M	S	O	O	L	E
H	N	N	G	O	W	O	B	X	I	T	M	L	O	O
E	U	A	O	L	L	L	R	E	C	I	I	O	G	L
O	M	T	L	F	B	O	G	O	A	C	A	G	I	O
L	M	O	O	S	E	C	G	U	L	A	K	I	A	G
O	I	B	R	R	I	I	M	I	G	O	F	A	G	I
G	Z	M	U	I	T	S	R	X	A	Y	G	D	C	A
I	F	F	E	R	L	P	G	P	X	A	A	I	H	X
A	S	Q	N	E	C	O	L	O	G	I	A	H	A	U

ANATOMIA
ARCHEOLOGIA
ASTRONOMIA
BIOCHIMICA
BOTANICA
KINESIOLOGIA
ECOLOGIA
FISIOLOGIA
GEOLOGIA
IMMUNOLOGIA
LINGUISTICA
METEOROLOGIA
MINERALOGIA
NEUROLOGIA
PSICOLOGIA
CHIMICA
SOCIOLOGIA

35 - Meditação

P	G	E	N	T	I	L	E	Z	Z	A	M	Q	M	A
J	A	Z	Z	E	R	A	I	H	C	A	O	A	E	L
R	I	C	S	I	L	E	N	Z	I	O	V	K	N	H
U	H	P	E	G	T	U	E	Z	G	W	I	U	T	R
M	E	N	T	A	L	E	L	K	W	M	M	P	E	N
L	R	E	E	N	O	I	Z	A	T	T	E	C	C	A
P	R	O	S	P	E	T	T	I	V	A	N	Q	J	R
E	M	O	Z	I	O	N	I	A	R	U	T	S	O	P
M	U	S	I	C	A	F	C	Z	Q	E	O	S	P	U
I	N	S	E	G	N	A	M	E	N	T	I	V	N	P
A	T	T	E	N	Z	I	O	N	E	J	M	E	A	Q
P	E	N	S	I	E	R	I	E	H	G	Y	G	T	C
O	S	S	E	R	V	A	Z	I	O	N	E	L	U	H
C	O	M	P	A	S	S	I	O	N	E	H	I	R	H
G	R	A	T	I	T	U	D	I	N	E	X	O	A	W

ACCETTAZIONE
SVEGLIO
ATTENZIONE
GENTILEZZA
CHIAREZZA
COMPASSIONE
EMOZIONI
INSEGNAMENTI
GRATITUDINE
MENTALE
MENTE
MOVIMENTO
MUSICA
NATURA
OSSERVAZIONE
PACE
PENSIERI
PROSPETTIVA
POSTURA
SILENZIO

36 - Artes Visuais

M	L	I	F	G	D	S	S	V	E	R	N	I	C	E
M	A	L	L	I	G	R	A	C	U	E	N	Q	G	À
C	A	T	S	I	T	R	A	E	U	U	R	X	A	T
I	B	A	I	J	J	I	L	F	G	L	X	J	I	I
C	M	V	Z	T	C	O	N	W	J	C	T	I	F	V
O	N	I	P	M	A	T	S	W	O	E	G	U	A	I
H	O	T	T	A	R	T	I	R	X	R	E	S	R	T
O	T	T	E	L	L	A	V	A	C	A	S	F	G	A
S	P	E	N	N	A	L	P	U	G	M	S	M	O	E
T	S	P	P	Y	N	W	S	A	L	I	O	F	T	R
C	A	S	J	X	T	L	B	E	S	C	Y	C	O	C
E	D	O	P	I	T	T	U	R	A	A	D	R	F	D
R	Z	R	C	A	P	O	L	A	V	O	R	O	X	C
A	Y	P	A	R	C	H	I	T	E	T	T	U	R	A
C	O	M	P	O	S	I	Z	I	O	N	E	Z	A	D

ARGILLA
ARCHITETTURA
ARTISTA
PENNA
CAVALLETTO
CERA
CERAMICA
COMPOSIZIONE
CREATIVITÀ
SCULTURA
STAMPINO
FILM
FOTOGRAFIA
GESSO
MATITA
CAPOLAVORO
PROSPETTIVA
PITTURA
RITRATTO
VERNICE

37 - Instrumentos Musicais

M	M	M	I	L	T	A	D	S	K	K	N	T	O	T
Z	M	X	R	X	Y	A	X	N	I	B	A	R	B	A
M	A	R	I	M	B	A	M	B	P	C	R	O	O	M
C	H	M	I	I	K	E	N	B	A	U	P	M	E	B
V	I	F	B	O	P	Z	G	K	U	N	A	B	H	U
I	Q	A	R	R	A	T	I	H	C	R	J	A	P	R
O	P	G	R	I	Y	H	L	L	T	E	E	O	B	O
L	Q	O	T	U	A	L	F	B	G	Q	T	L	T	E
I	L	T	C	L	A	R	I	N	E	T	T	O	L	N
N	G	T	P	I	A	N	O	F	O	R	T	E	G	O
O	O	O	S	A	S	S	O	F	O	N	O	Y	L	B
E	N	O	I	S	S	U	C	R	E	P	B	S	R	M
B	G	M	A	N	D	O	L	I	N	O	R	L	D	O
V	I	O	L	O	N	C	E	L	L	O	M	R	H	R
A	R	M	O	N	I	C	A	T	F	C	D	W	B	T

MANDOLINO
BANJO
CLARINETTO
FAGOTTO
FLAUTO
ARMONICA
GONG
ARPA
MARIMBA
OBOE
TAMBURELLO
PERCUSSIONE
PIANOFORTE
SASSOFONO
TAMBURO
TROMBONE
TROMBA
CHITARRA
VIOLINO
VIOLONCELLO

38 - Adjetivos #2

P	A	M	S	E	L	A	M	R	O	N	X	A	R	I
R	N	U	Q	K	L	L	K	W	O	N	M	S	E	N
O	S	M	T	B	F	E	D	G	N	M	U	C	S	T
D	B	Z	E	E	I	H	G	F	T	C	S	I	P	E
U	U	B	N	L	N	O	O	A	A	Y	B	U	O	R
T	Y	X	U	A	N	T	V	J	N	N	Z	T	N	E
T	B	H	O	R	K	J	I	K	U	T	L	T	S	S
I	T	C	V	U	D	T	T	C	N	H	E	O	A	S
V	L	I	O	T	A	L	A	S	O	R	U	P	B	A
O	O	D	L	A	C	S	E	O	N	T	G	A	I	N
N	S	U	R	N	J	U	R	X	A	S	A	E	L	T
F	O	R	T	E	A	X	C	U	S	Y	J	T	E	E
F	M	M	O	R	G	O	G	L	I	O	S	O	O	W
Y	A	D	E	S	C	R	I	T	T	I	V	O	L	D
N	F	K	C	S	T	S	E	L	V	A	G	G	I	O

AUTENTICO
CREATIVO
DESCRITTIVO
DOTATO
ELEGANTE
FAMOSO
FORTE
INTERESSANTE
NATURALE
NORMALE
NUOVO
ORGOGLIOSO
PRODUTTIVO
PURO
CALDO
RESPONSABILE
SALATO
SANO
ASCIUTTO
SELVAGGIO

39 - Roupas

Q	C	G	R	E	M	B	I	U	L	E	M	Z	G	N
I	A	E	E	J	O	U	A	S	X	U	D	Y	A	U
S	M	T	A	C	C	A	I	G	G	N	Z	K	S	S
F	I	C	I	T	N	A	U	G	F	Z	I	W	B	A
I	C	O	C	S	C	A	R	P	A	G	N	A	R	N
B	E	K	I	A	M	A	I	G	I	P	I	Q	A	D
A	T	D	M	N	P	U	L	Y	N	M	Z	M	C	A
B	T	F	A	N	B	P	F	Y	O	N	L	A	C	L
I	A	S	C	O	E	N	O	I	L	G	A	M	I	I
T	L	Q	S	G	X	T	M	T	A	H	C	F	A	A
O	L	A	N	A	L	L	O	C	T	K	O	C	L	Z
P	O	D	A	U	G	X	D	Q	N	O	B	W	E	L
W	I	M	E	I	P	J	A	I	A	K	Y	B	T	F
Y	D	M	J	L	O	L	L	E	P	P	A	C	T	P
R	W	K	L	B	O	C	I	N	T	U	R	A	O	O

GREMBIULE
CAMICETTA
PANTALONI
CAMICIA
CAPPOTTO
CAPPELLO
CINTURA
COLLANA
GIACCA
JEANS
GUANTI
CALZINI
MODA
PIGIAMA
BRACCIALETTO
GONNA
SANDALI
SCARPA
MAGLIONE
ABITO

40 - Herbalismo

Q	G	C	O	K	H	M	P	P	P	K	N	K	I	C
T	H	S	O	P	E	I	Z	R	I	E	K	L	N	O
U	O	D	N	M	G	W	F	E	A	E	O	A	G	R
N	L	I	A	I	O	N	W	Z	N	S	B	V	R	I
D	L	O	R	U	N	L	N	Z	T	A	C	A	E	A
B	E	N	E	F	I	C	O	E	A	G	S	N	D	N
S	C	I	F	S	D	B	C	M	Q	L	À	D	I	D
A	N	R	F	L	R	A	I	O	M	I	T	A	E	O
B	O	A	A	U	A	S	T	L	L	O	I	K	N	L
H	G	M	Z	C	I	I	A	O	A	G	L	I	T	O
R	A	S	I	K	G	L	M	R	T	O	A	G	E	X
E	R	O	I	F	F	I	O	J	O	N	U	U	T	A
K	D	R	J	S	H	C	R	T	I	E	Q	S	I	W
V	E	R	D	E	P	O	A	G	Z	A	H	T	Y	H
M	A	G	G	I	O	R	A	N	A	L	W	O	R	J

ZAFFERANO
ROSMARINO
AGLIO
AROMATICO
BENEFICO
CORIANDOLO
DRAGONCELLO
FIORE
INGREDIENTE
GIARDINO
LAVANDA
BASILICO
MAGGIORANA
PIANTA
QUALITÀ
GUSTO
PREZZEMOLO
TIMO
VERDE

41 - Arqueologia

R	S	C	I	V	I	L	T	À	F	L	F	Q	M	L
I	Q	B	D	U	X	G	C	E	S	P	E	R	T	O
C	U	P	D	I	M	E	N	T	I	C	A	T	O	I
E	A	Q	R	Y	W	U	S	D	N	T	B	P	B	P
R	D	A	H	O	B	G	S	B	N	J	M	X	A	M
C	R	I	N	Y	F	C	P	C	A	Y	O	L	T	E
A	A	U	A	A	L	E	G	K	F	N	T	X	U	T
T	M	Q	D	E	L	I	S	S	O	F	Y	D	C	R
O	I	I	O	T	U	I	C	S	O	N	O	C	S	Q
R	S	L	E	U	S	A	S	S	O	Q	W	O	M	J
E	T	E	L	R	R	L	F	I	Y	R	Z	B	B	I
A	E	R	T	L	A	Q	H	I	T	T	E	G	G	O
I	R	P	E	A	N	T	I	C	H	I	T	À	L	G
B	O	V	A	L	U	T	A	Z	I	O	N	E	I	F
D	I	S	C	E	N	D	E	N	T	E	J	M	D	L

ANALISI
ANNI
ANTICHITÀ
VALUTAZIONE
CIVILTÀ
DISCENDENTE
SCONOSCIUTO
SQUADRA
ERA
ESPERTO
DIMENTICATO
FOSSILE
RICERCATORE
MISTERO
OGGETTI
OSSA
PROFESSORE
RELIQUIA
TEMPIO
TOMBA

42 - Esporte

M	P	T	A	P	J	L	A	L	G	T	N	E	R	C
A	W	L	E	N	O	I	Z	I	R	T	U	N	Z	A
S	O	E	F	P	G	N	I	H	C	T	E	R	T	S
S	C	C	Y	M	G	D	A	N	Z	A	T	E	I	D
I	I	O	X	X	I	F	M	S	P	Y	J	C	L	A
M	L	V	R	C	N	O	M	W	S	U	R	I	O	L
I	O	I	E	P	G	R	A	C	X	O	E	C	C	L
Z	B	T	T	R	O	Z	R	B	E	U	S	L	S	E
Z	A	T	U	A	Q	A	G	P	Q	A	I	I	U	N
A	T	E	L	T	A	Z	O	Z	J	D	S	S	M	A
R	E	I	A	X	Z	S	R	P	T	S	T	M	L	T
E	M	B	S	Y	I	G	P	X	C	R	E	O	P	O
S	P	O	R	T	I	V	O	I	F	M	N	I	B	R
C	A	P	A	C	I	T	À	I	Z	B	Z	P	P	E
K	W	G	D	E	C	N	J	M	O	O	A	R	C	Y

STRETCHING
ATLETA
CAPACITÀ
CICLISMO
CORPO
DANZA
DIETA
SPORTIVO
FORZA
JOGGING
MASSIMIZZARE
METABOLICO
MUSCOLI
NUTRIZIONE
OBIETTIVO
OSSA
PROGRAMMA
RESISTENZA
SALUTE
ALLENATORE

43 - Agronomia

I	N	Q	U	I	N	A	M	E	N	T	O	E	O	B
O	R	B	O	T	D	E	N	O	I	S	O	R	E	W
M	H	T	T	N	U	Q	B	R	J	D	S	C	L	U
S	A	I	G	R	E	N	E	G	E	F	O	B	U	P
C	U	L	G	X	A	A	X	A	F	J	J	Q	B	R
I	Q	Y	A	G	R	E	A	N	S	U	O	L	O	O
E	C	A	X	T	U	S	J	I	M	E	S	A	G	D
N	A	T	E	B	T	T	A	C	H	Z	S	P	D	U
Z	G	I	R	I	L	I	F	O	J	L	S	T	W	Z
A	J	C	U	M	O	B	E	T	N	A	I	P	J	I
Q	F	S	D	E	C	R	U	R	A	L	E	E	R	O
B	F	E	R	T	I	L	I	Z	Z	A	N	T	E	N
B	M	R	E	S	R	A	M	B	I	E	N	T	E	E
K	N	C	V	I	G	G	S	E	Y	W	E	L	S	J
U	J	R	L	S	A	I	G	O	L	O	C	E	H	P

AGRICOLTURA
AMBIENTE
ACQUA
SCIENZA
CRESCITA
MALATTIE
ECOLOGIA
ENERGIA
EROSIONE
FERTILIZZANTE
VERDURE
ORGANICO
PIANTE
INQUINAMENTO
PRODUZIONE
RURALE
SEMI
SISTEMI
SUOLO

44 - Frutas

C	I	L	I	E	G	I	A	P	B	A	N	A	N	A
R	K	E	S	A	N	A	N	A	A	K	R	V	M	N
P	L	G	A	M	L	O	K	I	P	P	I	U	O	I
R	W	B	Y	B	S	G	M	I	O	R	A	Q	R	L
C	W	K	G	I	O	N	J	I	F	X	I	I	A	X
W	T	I	A	H	C	A	H	P	L	F	C	N	A	Q
T	H	W	C	V	C	M	W	J	P	I	N	E	D	M
N	Y	I	C	I	O	X	P	F	U	C	A	T	P	C
L	W	Z	O	F	C	C	G	G	B	O	R	T	I	F
T	P	P	C	O	I	C	A	A	F	O	A	A	Z	W
U	W	E	I	C	D	U	C	D	C	R	B	R	E	B
I	P	R	B	P	E	Z	S	W	O	P	A	I	H	X
H	H	A	L	C	C	M	E	L	A	L	C	N	U	B
Y	X	Q	A	M	O	G	P	K	E	X	C	A	O	D
B	K	W	E	E	N	O	P	M	A	L	A	W	K	X

AVOCADO
ANANAS
MORA
BACCA
BANANA
CILIEGIA
NOCE DI COCCO
ALBICOCCA
FICO
LAMPONE
KIWI
ARANCIA
LIMONE
MELA
PAPAIA
MANGO
NETTARINA
PERA
PESCA
UVA

45 - Corpo Humano

G	C	M	P	A	W	S	N	U	W	R	B	B	E	A
I	E	A	K	Y	R	A	S	A	B	M	A	G	D	I
N	R	S	O	O	T	N	E	M	S	I	X	A	I	L
O	V	C	M	T	L	G	L	D	I	O	Z	U	T	G
C	E	E	G	I	A	U	L	G	O	I	L	P	O	I
C	L	L	O	M	E	E	E	U	I	H	U	L	J	V
H	L	L	L	O	Y	E	P	C	E	C	I	G	O	A
I	O	A	Q	G	C	N	L	N	Z	C	K	T	P	C
O	O	R	E	C	C	H	I	O	L	O	Q	B	M	S
S	P	A	L	L	A	F	R	O	N	T	E	O	A	M
J	J	T	R	J	U	J	A	Z	N	W	M	C	N	F
B	X	S	X	P	H	X	Y	R	E	M	R	C	O	E
K	S	E	C	U	O	R	E	F	D	C	I	A	K	J
Z	Z	T	A	B	Z	S	L	S	T	F	Z	C	E	U
U	U	Q	K	H	S	A	P	Y	D	O	C	X	T	Y

BOCCA
TESTA
CERVELLO
CUORE
GOMITO
DITO
GINOCCHIO
MASCELLA
MANO
NASO
OCCHIO
SPALLA
ORECCHIO
PELLE
GAMBA
COLLO
MENTO
SANGUE
FRONTE
CAVIGLIA

46 - Caminhada

O	P	M	J	R	H	W	S	O	L	E	H	T	O	N
C	G	U	I	D	E	P	A	N	C	S	I	O	D	A
N	L	T	F	X	P	E	R	I	C	O	L	I	G	T
A	I	I	T	E	S	E	L	V	A	G	G	I	O	U
T	B	D	M	P	R	T	R	C	P	Y	W	H	T	R
S	T	L	T	A	P	N	W	T	J	F	E	C	N	A
A	C	Q	U	A	D	A	J	S	E	E	M	R	E	N
A	M	A	P	P	A	S	F	Z	L	I	A	A	M	G
F	N	M	S	N	Z	E	I	I	I	L	P	P	A	A
H	O	I	G	G	E	P	M	A	C	I	F	E	T	T
Y	C	O	M	M	E	T	E	O	T	R	J	Z	N	N
Y	R	K	G	A	R	E	I	L	G	O	C	S	E	O
D	G	S	D	K	L	T	W	A	F	O	R	A	I	M
G	S	D	R	W	C	I	L	A	V	I	T	S	R	D
P	R	E	P	A	R	A	Z	I	O	N	E	I	O	U

CAMPEGGIO
ANIMALI
ACQUA
STIVALI
STANCO
CLIMA
GUIDE
MAPPA
MONTAGNA
NATURA
ORIENTAMENTO
PARCHI
PIETRE
SCOGLIERA
PERICOLI
PESANTE
PREPARAZIONE
SELVAGGIO
SOLE
METEO

47 - Biologia

F	N	C	O	L	L	A	G	E	N	E	G	N	L	I
O	E	I	I	I	S	P	A	N	I	S	N	E	Y	R
T	R	A	E	S	B	N	C	O	T	A	D	U	F	C
O	V	E	N	O	I	Z	A	T	U	M	L	R	E	R
S	O	P	O	I	U	E	H	W	E	N	Q	O	V	P
I	X	R	M	B	G	U	T	Y	G	G	B	N	O	Q
N	G	O	R	M	A	O	S	M	O	S	I	E	L	Q
T	H	T	O	I	A	I	M	O	T	A	N	A	U	R
E	A	E	W	S	A	M	I	Z	N	E	S	C	Z	E
S	N	I	Q	P	M	U	M	F	K	X	J	L	I	T
I	A	N	K	C	E	N	O	I	R	B	M	E	O	T
E	L	A	R	U	T	A	N	K	F	J	L	J	N	I
D	B	T	O	P	A	L	U	L	L	E	C	A	E	L
C	R	O	M	O	S	O	M	A	F	G	R	H	L	E
I	Z	B	B	A	T	T	E	R	I	U	G	O	T	K

ANATOMIA
BATTERI
CELLULA
COLLAGENE
CROMOSOMA
EMBRIONE
ENZIMA
EVOLUZIONE
FOTOSINTESI
ORMONE
MAMMIFERO
MUTAZIONE
NATURALE
NERVO
NEURONE
OSMOSI
PROTEINA
RETTILE
SIMBIOSI
SINAPSI

48 - Beleza

P	R	O	D	O	T	T	I	C	I	B	R	O	F	R
C	R	C	F	N	D	D	Z	Q	K	R	P	C	Y	I
O	O	I	L	O	J	O	I	H	C	C	E	P	S	C
S	S	N	R	O	Q	I	V	E	O	P	D	N	W	C
M	S	E	I	F	Y	H	R	C	O	L	O	R	E	I
E	E	G	T	F	M	K	E	G	R	A	Z	I	A	O
T	T	O	A	R	A	C	S	A	M	P	F	I	C	L
I	T	T	S	P	U	E	L	E	G	A	N	Z	A	I
C	O	O	T	E	L	C	F	A	S	C	I	N	O	W
I	O	F	I	L	C	A	C	Y	J	B	B	G	C	M
W	P	C	L	L	G	Q	E	O	Y	K	Y	S	N	Z
Z	M	U	I	E	E	L	E	G	A	N	T	E	H	U
Q	A	M	S	F	R	A	G	R	A	N	Z	A	U	S
A	H	R	T	K	D	Q	O	K	T	R	U	L	K	I
K	S	Q	A	F	F	G	K	Y	Y	R	X	Z	B	Q

ROSSETTO
RICCIOLI
FASCINO
COLORE
COSMETICI
ELEGANTE
ELEGANZA
SPECCHIO
STILISTA
FOTOGENICO
FRAGRANZA
GRAZIA
TRUCCO
OLI
PELLE
PRODOTTI
MASCARA
SERVIZI
FORBICI
SHAMPOO

49 - Filantropia

P	U	U	N	A	Z	N	A	N	I	F	Q	G	S	L
E	M	I	S	F	I	D	E	U	C	A	E	G	H	H
R	A	B	Q	K	P	R	G	L	O	B	A	L	E	Z
S	N	Y	Z	W	P	O	O	À	T	S	E	N	O	L
O	I	L	A	I	U	D	Ù	T	N	E	V	O	I	G
N	T	H	N	R	R	G	J	I	S	O	P	N	T	B
E	À	C	U	E	G	M	O	S	C	B	U	G	T	A
P	C	À	T	I	N	U	M	O	C	I	B	O	A	M
M	O	A	R	O	R	N	F	R	G	E	B	S	T	B
X	Q	J	R	I	R	Q	O	E	Z	T	L	I	N	I
M	X	O	Q	I	Z	E	N	N	L	T	I	B	O	N
Y	L	P	F	J	T	S	D	E	C	I	C	Q	C	I
R	D	H	J	G	J	À	I	G	C	V	O	H	W	T
P	R	O	G	R	A	M	M	I	A	I	J	E	H	Q
G	W	O	M	I	S	S	I	O	N	E	M	W	F	Q

CARITÀ
COMUNITÀ
CONTATTI
BAMBINI
SFIDE
FINANZA
FONDI
GENEROSITÀ
GLOBALE
GRUPPI

STORIA
ONESTÀ
UMANITÀ
GIOVENTÙ
MISSIONE
BISOGNO
OBIETTIVI
PERSONE
PROGRAMMI
PUBBLICO

50 - Ecologia

S	Y	F	N	D	Y	T	C	S	E	L	Z	N	C	P
C	O	H	C	C	T	A	A	M	I	L	C	U	X	A
O	L	P	D	G	D	E	R	F	F	C	E	Z	X	L
M	X	Q	R	P	L	J	U	S	D	H	C	K	K	U
U	Y	E	L	A	R	U	T	A	N	A	H	I	O	D
N	X	S	M	U	V	S	A	S	G	B	H	V	T	E
I	K	R	O	F	R	V	N	D	F	I	C	A	D	À
T	M	O	N	L	E	A	I	G	H	T	E	R	I	C
À	A	S	T	O	B	C	P	V	F	A	H	I	V	N
S	R	I	A	R	S	M	J	I	E	T	Y	E	E	D
H	I	R	G	A	N	U	A	F	A	N	P	T	R	M
F	N	P	N	I	U	H	W	J	L	N	Z	À	S	C
L	O	I	E	L	A	B	O	L	G	G	T	A	I	I
S	O	S	T	E	N	I	B	I	L	E	K	E	T	W
V	E	G	E	T	A	Z	I	O	N	E	N	R	À	Q

CLIMA
COMUNITÀ
DIVERSITÀ
FAUNA
FLORA
GLOBALE
HABITAT
MARINO
MONTAGNE
NATURALE
NATURA
PALUDE
PIANTE
RISORSE
SICCITÀ
SOPRAVVIVENZA
SOSTENIBILE
VARIETÀ
VEGETAZIONE

51 - Família

M	Z	D	B	B	G	L	B	S	H	T	I	K	Z	Z
Q	A	N	I	P	O	T	E	D	M	P	G	P	B	I
N	I	T	U	Z	D	O	N	H	C	A	H	J	G	O
O	Z	F	E	J	M	G	D	R	I	W	R	J	Z	J
N	N	I	G	R	J	F	K	N	X	N	U	I	L	F
N	A	G	Y	O	N	I	B	M	A	B	I	W	T	P
A	F	L	R	F	M	O	N	R	E	T	A	P	Q	O
M	N	I	G	I	O	N	L	P	A	D	R	E	C	K
A	I	A	G	Q	G	I	Y	L	K	E	C	X	D	S
M	A	D	R	E	L	G	D	F	E	D	N	W	B	O
Z	B	Q	D	M	I	U	Z	M	Q	T	N	S	M	R
I	I	M	S	C	E	C	K	R	N	S	A	Z	U	E
A	B	A	M	B	I	N	I	Z	Y	Z	T	R	M	L
A	N	T	E	N	A	T	O	Z	H	P	O	O	F	L
L	F	R	T	P	P	B	Y	H	U	I	X	O	J	A

ANTENATO
NONNA
BAMBINO
BAMBINI
MOGLIE
FIGLIA
INFANZIA
SORELLA
FRATELLO
MARITO
MATERNO
MADRE
NIPOTE
PADRE
PATERNO
CUGINO
ZIA
ZIO

52 - Férias #2

Z	G	S	O	V	I	S	T	O	D	T	I	N	M	R
S	U	J	T	K	X	B	M	E	M	A	S	H	O	I
Q	X	A	R	R	D	O	C	N	S	X	O	O	N	S
A	E	R	O	P	O	R	T	O	P	I	L	T	T	T
Z	Z	R	P	U	R	E	N	I	I	N	A	E	A	O
N	T	J	A	G	E	B	P	Z	A	O	V	L	G	R
A	R	J	S	M	I	I	Q	A	G	I	I	H	N	A
C	A	X	S	W	N	L	O	N	G	Z	A	R	E	N
A	S	X	A	R	A	O	Q	I	I	A	G	T	M	T
V	P	F	P	T	R	P	N	T	A	T	G	Q	Z	E
H	O	J	O	F	T	M	W	S	F	O	I	B	A	Y
X	R	Z	A	T	S	E	J	E	J	N	O	F	T	S
G	T	G	J	H	O	T	A	D	X	E	K	D	R	G
K	O	T	E	N	D	A	W	F	X	R	O	I	M	W
A	J	M	A	P	P	A	Q	G	L	P	W	Y	J	A

AEROPORTO
DESTINAZIONE
STRANIERO
VACANZA
FOTO
HOTEL
ISOLA
TEMPO LIBERO
MAPPA
MARE
MONTAGNE
PASSAPORTO
SPIAGGIA
PRENOTAZIONI
RISTORANTE
TAXI
TENDA
TRASPORTO
VIAGGIO
VISTO

53 - Edifícios

T	I	D	Q	O	S	U	L	M	M	A	M	E	E	T
L	S	P	P	S	G	S	A	X	S	F	W	X	E	X
Z	A	T	A	I	C	S	A	B	M	A	H	L	L	N
U	C	B	A	L	O	U	C	S	D	C	M	S	P	M
S	A	I	O	I	R	O	T	A	V	R	E	S	S	O
T	S	Y	H	R	T	J	S	Z	F	G	C	F	L	F
A	T	M	E	L	A	D	E	P	S	O	I	I	S	A
D	E	I	U	L	E	T	O	H	A	D	N	E	T	T
I	L	D	U	S	T	E	O	A	E	E	E	N	G	T
O	L	Q	C	O	E	B	N	R	S	R	M	I	A	O
J	O	S	S	J	X	O	S	Z	I	R	A	L	R	R
F	A	B	B	R	I	C	A	L	T	O	H	E	A	I
A	P	P	A	R	T	A	M	E	N	T	O	R	G	A
S	U	P	E	R	M	E	R	C	A	T	O	C	E	Z
C	U	N	I	V	E	R	S	I	T	À	P	X	P	Z

APPARTAMENTO
CASTELLO
FIENILE
CINEMA
AMBASCIATA
SCUOLA
STADIO
FATTORIA
FABBRICA
GARAGE
OSPEDALE
HOTEL
LABORATORIO
MUSEO
OSSERVATORIO
SUPERMERCATO
TEATRO
TENDA
TORRE
UNIVERSITÀ

54 - Xadrez

S	S	Q	Q	F	H	O	M	I	Z	J	T	L	P	F
F	R	A	I	C	Y	R	Y	P	K	N	E	A	E	R
I	X	E	C	I	I	T	O	G	U	E	M	E	R	R
D	X	L	G	R	Y	H	C	J	U	R	P	E	I	E
E	U	I	X	I	I	T	N	U	P	O	O	L	M	G
E	G	F	X	O	N	F	A	R	I	R	D	A	P	O
R	U	L	F	I	L	A	I	P	J	I	T	N	A	L
O	C	O	I	G	H	X	B	C	A	J	D	O	R	E
T	C	A	M	P	I	O	N	E	I	S	K	G	A	Y
A	V	V	E	R	S	A	R	I	O	O	S	A	R	L
C	T	O	R	N	E	O	W	T	O	U	S	I	E	I
O	F	I	N	T	T	T	C	O	L	H	F	D	V	B
I	D	R	X	X	C	R	B	K	D	I	K	W	S	O
G	S	T	R	A	T	E	G	I	A	A	R	G	Y	E
T	C	O	N	C	O	R	S	O	L	F	N	Y	O	R

PER IMPARARE
BIANCO
CAMPIONE
CONCORSO
SFIDE
DIAGONALE
STRATEGIA
GIOCATORE
GIOCO
AVVERSARIO
PASSIVO
PUNTI
NERO
REGINA
REGOLE
RE
SACRIFICIO
TEMPO
TORNEO

55 - Aventura

E	Z	P	C	N	J	G	O	N	G	S	D	N	R	N
E	N	À	W	A	A	G	V	I	I	I	E	A	T	F
N	B	T	Q	N	S	T	O	J	O	C	S	V	B	Q
O	E	I	U	W	E	O	U	R	I	U	T	I	X	X
I	L	V	F	S	D	P	N	R	A	R	I	G	S	I
Z	L	I	D	G	I	C	I	M	A	E	N	A	P	N
A	E	T	X	H	F	A	B	T	O	Z	A	Z	E	S
R	Z	T	J	M	S	O	S	Q	A	Z	Z	I	R	O
A	Z	A	Y	R	G	Q	M	M	I	A	I	O	I	L
P	A	G	N	G	I	L	X	L	O	Y	O	N	C	I
E	S	C	U	R	S	I	O	N	E	G	N	E	O	T
R	I	T	I	N	E	R	A	R	I	O	E	Z	L	O
P	K	S	À	T	I	N	U	T	R	O	P	P	O	M
D	I	F	F	I	C	O	L	T	À	J	A	I	S	F
C	D	K	E	T	N	E	D	N	E	R	P	R	O	S

GIOIA
AMICI
ATTIVITÀ
BELLEZZA
CASO
SFIDE
DESTINAZIONE
DIFFICOLTÀ
ENTUSIASMO
ESCURSIONE
INSOLITO
ITINERARIO
NATURA
NAVIGAZIONE
NUOVO
OPPORTUNITÀ
PERICOLOSO
PREPARAZIONE
SICUREZZA
SORPRENDENTE

56 - Floresta Tropical

E	T	M	U	S	C	H	I	O	Q	W	R	M	C	S
M	O	R	E	S	T	A	U	R	O	H	U	K	A	O
J	T	M	A	M	M	I	F	E	R	I	E	J	R	P
À	T	I	S	R	E	V	I	D	O	C	N	Q	J	R
O	E	C	O	M	U	N	I	T	À	C	O	W	Y	A
I	P	A	N	X	E	B	O	T	A	N	I	C	O	V
G	S	Y	N	A	X	N	Q	J	R	J	Z	C	W	V
U	I	W	R	F	T	E	X	N	G	U	A	S	R	I
F	R	U	D	G	I	U	I	Z	O	O	V	P	I	V
I	Q	S	N	Y	K	B	R	H	Q	H	R	E	N	E
R	M	O	P	G	J	T	I	A	D	B	E	C	S	N
M	L	E	Q	E	L	O	V	U	N	J	S	I	E	Z
T	B	G	C	Z	J	A	M	I	L	C	E	E	T	A
U	T	B	N	U	C	C	E	L	L	I	R	S	T	B
I	N	D	I	G	E	N	O	B	D	D	P	L	I	O

ANFIBI
BOTANICO
CLIMA
COMUNITÀ
DIVERSITÀ
SPECIE
INDIGENO
INSETTI
MAMMIFERI
MUSCHIO
NATURA
NUVOLE
UCCELLI
PRESERVAZIONE
RIFUGIO
RISPETTO
RESTAURO
GIUNGLA
SOPRAVVIVENZA

57 - Cidade

G	S	A	B	H	D	Q	S	U	K	A	T	M	U	Q
A	L	O	U	C	S	R	P	R	S	I	E	U	N	Y
L	F	A	R	M	A	C	I	A	D	R	A	S	I	E
L	E	C	L	H	X	N	T	J	P	E	T	E	V	B
E	T	E	U	O	I	D	A	T	S	T	R	O	E	B
R	N	A	M	T	E	M	C	M	H	T	O	D	R	I
I	A	O	S	E	D	T	N	M	E	E	P	K	S	B
A	R	I	L	L	X	T	A	J	J	N	A	D	I	L
T	O	T	T	A	Y	F	B	T	W	A	I	M	T	I
S	T	Y	R	Y	S	Z	G	Z	Y	P	R	C	À	O
I	S	M	E	R	C	A	T	O	G	E	E	S	Z	T
R	I	Z	S	F	B	U	K	T	X	O	R	T	O	E
O	R	G	R	A	O	R	A	U	U	M	B	F	O	C
I	A	E	R	O	P	O	R	T	O	E	I	I	G	A
F	W	J	C	J	A	B	U	G	D	K	L	G	D	I

AEROPORTO
BANCA
BIBLIOTECA
CINEMA
SCUOLA
STADIO
FARMACIA
FIORISTA
GALLERIA
HOTEL
ZOO
LIBRERIA
MERCATO
MUSEO
PANETTERIA
RISTORANTE
SALONE
TEATRO
UNIVERSITÀ

58 - Música

P	O	E	T	I	C	O	Z	A	I	D	O	L	E	M
B	H	X	B	W	F	J	C	L	L	W	K	P	X	U
X	A	I	N	O	M	R	A	B	B	C	G	L	Y	S
R	Q	L	X	A	N	H	S	U	G	U	L	U	I	I
C	A	P	L	T	I	G	K	M	P	Z	E	C	A	C
U	O	M	C	A	C	N	E	M	D	S	J	G	S	I
L	P	U	L	C	T	O	T	N	E	M	U	R	T	S
I	E	S	A	A	T	A	N	B	M	B	U	I	H	T
R	R	I	S	N	E	N	A	O	I	N	Z	T	A	A
I	A	C	S	T	M	U	T	V	F	K	Y	M	U	M
C	H	A	I	A	P	F	N	H	O	O	R	O	C	K
O	L	L	C	R	O	E	A	N	C	C	R	K	X	R
G	M	E	O	E	R	B	C	I	F	O	A	C	Z	N
I	M	P	R	O	V	V	I	S	A	R	E	L	I	K
R	E	G	I	S	T	R	A	Z	I	O	N	E	E	M

ALBUM
BALLATA
CANTARE
CANTANTE
CLASSICO
CORO
REGISTRAZIONE
ARMONIA
IMPROVVISARE
STRUMENTO
LIRICO
MELODIA
MICROFONO
MUSICALE
MUSICISTA
OPERA
POETICO
RITMO
TEMPO
VOCALE

59 - Matemática

P	A	R	A	L	L	E	L	O	N	W	Q	B	G	P
F	U	B	A	Q	L	P	Q	H	Y	U	G	L	Q	U
J	L	Q	C	R	L	I	O	R	T	E	M	A	I	D
J	D	R	C	N	I	A	J	L	C	Q	E	E	L	N
A	N	G	O	L	I	T	L	F	I	J	G	A	R	W
B	A	I	R	T	E	M	M	I	S	G	R	P	J	I
R	A	G	G	I	O	M	D	E	W	U	O	E	W	Q
P	E	R	I	M	E	T	R	O	T	K	A	N	J	U
T	R	I	A	N	G	O	L	O	I	I	D	X	O	A
D	E	C	I	M	A	L	E	T	F	X	C	H	E	D
R	E	T	T	A	N	G	O	L	O	J	P	A	G	R
W	R	L	Y	G	E	O	M	E	T	R	I	A	A	A
C	I	R	C	O	N	F	E	R	E	N	Z	A	C	T
W	R	N	E	Q	U	A	Z	I	O	N	E	W	N	O
T	F	R	A	Z	I	O	N	E	S	O	M	M	A	X

ARITMETICA
ANGOLI
CIRCONFERENZA
DECIMALE
DIAMETRO
EQUAZIONE
FRAZIONE
GEOMETRIA
NUMERI
PARALLELO
PERIMETRO
POLIGONO
QUADRATO
RAGGIO
RETTANGOLO
SIMMETRIA
SOMMA
TRIANGOLO

60 - Saúde e Bem Estar #1

T	K	R	O	F	B	X	Q	I	R	E	T	T	A	B
N	A	T	I	S	R	T	R	X	C	T	C	E	L	M
E	Y	E	R	L	S	A	R	U	T	S	O	P	T	W
F	H	R	Y	P	A	A	T	M	E	P	C	D	E	K
J	S	A	I	J	G	S	Z	T	L	A	O	B	Z	C
O	Q	P	Z	B	Q	W	S	S	U	R	I	V	Z	S
E	N	I	D	U	T	I	B	A	C	R	X	F	A	A
L	M	A	C	I	N	I	L	C	M	M	A	A	C	T
M	E	D	I	C	I	N	A	Y	R	E	M	M	H	T
T	R	A	T	T	A	M	E	N	T	O	N	E	S	I
O	R	M	O	N	I	S	J	N	E	C	L	T	P	V
R	I	F	L	E	S	S	O	E	U	I	E	T	O	O
O	X	F	J	E	S	H	K	R	N	D	U	R	Z	P
F	A	R	M	A	C	I	A	V	G	E	H	A	J	O
P	E	L	L	E	Z	N	Q	I	K	M	Y	G	K	L

ALTEZZA
ATTIVO
BATTERI
CLINICA
MEDICO
FARMACIA
FAME
FRATTURA
ABITUDINE
ORMONI

MEDICINA
NERVI
OSSA
PELLE
POSTURA
RIFLESSO
RILASSAMENTO
TERAPIA
TRATTAMENTO
VIRUS

61 - Natureza

N	N	R	D	N	Y	Z	D	M	S	P	C	J	Y	T
E	L	O	V	U	N	J	I	P	A	W	L	T	D	F
B	R	E	Y	M	Y	M	N	X	F	E	B	T	G	Q
B	F	I	E	S	O	I	A	I	C	C	A	I	H	G
I	O	V	F	Q	D	L	M	F	I	U	M	E	T	S
A	G	I	Q	U	Q	A	I	K	S	I	Q	F	R	A
G	L	T	G	U	G	M	C	U	S	E	S	O	O	N
W	I	A	Y	M	I	I	O	G	R	W	E	R	P	T
L	A	L	R	S	C	N	O	C	P	N	D	E	I	U
Y	M	E	M	N	G	A	I	S	I	C	A	S	C	A
D	E	N	G	A	T	N	O	M	E	T	P	T	A	R
D	E	S	E	R	T	O	Q	J	G	R	R	A	L	I
E	R	O	S	I	O	N	E	S	Y	E	E	A	E	O
Z	E	S	E	L	V	A	G	G	I	O	Z	N	J	F
C	C	X	W	P	B	E	L	L	E	Z	Z	A	O	W

API
RIFUGIO
ANIMALI
ARTICO
BELLEZZA
DESERTO
DINAMICO
EROSIONE
FORESTA
FOGLIAME
GHIACCIAIO
MONTAGNE
NEBBIA
NUVOLE
FIUME
SANTUARIO
SELVAGGIO
SERENO
TROPICALE
VITALE

62 - Doença

W	E	R	A	B	M	O	L	T	X	O	P	R	O	C
W	K	E	Q	L	B	K	J	G	G	I	T	C	C	N
J	A	E	B	G	L	U	P	S	P	R	E	Q	I	N
S	A	L	U	T	E	E	O	S	I	A	R	T	N	E
C	C	C	P	D	R	I	R	A	E	T	A	U	O	U
O	U	F	Z	Y	A	P	M	G	S	I	P	R	R	R
N	O	À	T	I	N	U	M	M	I	D	I	C	C	O
T	R	T	G	R	O	X	H	L	G	E	A	H	D	P
A	E	M	P	Z	M	S	I	N	D	R	O	M	E	A
G	N	X	Q	H	L	P	M	Y	H	E	S	C	D	T
I	I	N	E	G	O	T	A	P	O	S	S	A	E	I
O	M	E	Y	F	P	Y	D	R	D	C	I	K	B	A
S	A	D	D	O	M	I	N	A	L	E	L	C	O	U
O	G	E	N	E	T	I	C	O	Q	J	L	S	L	X
I	N	F	I	A	M	M	A	Z	I	O	N	E	E	H

ADDOMINALE
ALLERGIE
CONTAGIOSO
CUORE
CORPO
CRONICO
DEBOLE
GENETICO
EREDITARIO
IMMUNITÀ
INFIAMMAZIONE
LOMBARE
NEUROPATIA
OSSA
PATOGENI
POLMONARE
SALUTE
SINDROME
TERAPIA

63 - Aquecimento Global

S	M	G	Z	T	R	E	S	D	L	T	X	C	R	L
C	A	F	O	C	I	T	R	A	E	A	F	O	R	H
I	E	U	R	V	X	A	C	M	G	T	P	N	B	G
E	L	I	U	X	E	F	C	I	I	I	M	S	T	D
N	W	N	T	O	N	R	I	L	S	B	C	E	S	E
Z	X	D	U	S	O	G	N	C	L	A	F	G	V	N
I	R	U	F	M	I	X	O	O	A	H	G	U	I	E
A	D	S	N	L	Z	D	I	E	Z	L	P	E	L	R
T	A	T	F	D	N	A	Z	L	I	O	G	N	U	G
O	T	R	H	S	E	N	A	R	O	C	N	Z	P	I
P	I	I	S	Z	T	Z	R	L	N	O	R	E	P	A
K	K	A	L	J	T	U	E	Y	E	F	G	I	O	Z
G	J	C	E	L	A	T	N	E	I	B	M	A	S	B
F	P	A	A	U	W	H	E	M	S	P	J	J	S	I
N	C	I	M	X	U	N	G	I	U	B	F	F	S	X

ORA
AMBIENTALE
ATTENZIONE
ARTICO
SCIENZIATO
CLIMA
CONSEGUENZE
CRISI
DATI
SVILUPPO
ENERGIA
FUTURO
GAS
GENERAZIONI
GOVERNO
HABITAT
INDUSTRIA
LEGISLAZIONE

64 - Aviões

Y	C	I	E	L	O	N	W	G	Z	L	M	R	D	A
P	A	L	T	I	T	U	D	I	N	E	I	R	I	L
C	I	T	U	R	B	O	L	E	N	Z	A	K	R	T
Q	Z	L	E	Q	U	I	P	A	G	G	I	O	E	E
R	W	F	O	N	I	C	N	O	L	L	A	P	Z	Z
W	B	E	E	T	N	A	R	U	B	R	A	C	I	Z
U	K	S	Z	W	A	L	G	W	L	L	I	J	O	A
G	A	T	M	O	S	F	E	R	A	A	R	D	N	S
D	O	I	G	G	A	R	R	E	T	T	A	B	E	T
I	L	N	C	O	S	T	R	U	Z	I	O	N	E	O
S	C	Q	F	I	D	R	O	G	E	N	O	W	L	R
C	E	P	Q	I	L	B	M	K	F	O	R	P	A	I
E	W	J	U	X	A	R	U	T	N	E	V	V	A	A
S	T	K	L	O	O	R	E	G	G	E	S	S	A	P
A	A	M	P	Q	H	J	E	R	O	T	O	M	I	G

ALTITUDINE
ALTEZZA
ARIA
ATTERRAGGIO
ATMOSFERA
AVVENTURA
PALLONCINO
CIELO
CARBURANTE
COSTRUZIONE
DISCESA
DIREZIONE
IDROGENO
STORIA
GONFIARE
MOTORE
PASSEGGERO
PILOTA
EQUIPAGGIO
TURBOLENZA

65 - Tipos de Cabelo

A	S	C	I	U	T	T	O	S	I	J	G	U	G	P
S	P	E	S	S	O	R	E	E	N	O	R	R	A	M
N	E	R	O	T	Q	K	U	N	T	C	Q	Z	T	G
P	S	O	T	T	I	L	E	W	R	N	H	T	H	U
A	F	T	S	S	G	X	S	O	E	A	U	N	E	B
Z	F	A	I	O	T	N	Z	C	C	I	R	T	I	R
T	Z	Q	D	U	S	U	O	M	C	B	D	Y	P	I
R	I	C	C	I	O	L	I	B	I	C	A	L	V	O
Y	M	O	L	W	T	D	G	A	A	J	F	D	R	T
Z	M	X	O	D	N	O	I	B	T	E	A	P	I	R
C	X	R	A	Z	E	M	R	C	O	E	R	H	C	E
F	A	K	S	D	G	O	G	N	U	L	Q	S	C	C
Y	F	A	H	C	R	P	C	U	N	L	T	A	I	C
R	H	Z	W	B	A	O	T	A	L	U	D	N	O	E
C	O	L	O	R	A	T	O	D	I	B	R	O	M	J

BIANCO
LUCIDO
RICCIOLI
CALVO
GRIGIO
COLORATO
RICCIO
SOTTILE
SPESSORE
BIONDO
LUNGO
MARRONE
ONDULATO
ARGENTO
NERO
SANO
ASCIUTTO
MORBIDO
INTRECCIATO
TRECCE

66 - Criatividade

I	B	F	F	L	U	I	D	I	T	À	À	S	M	X
N	I	N	T	E	N	S	I	T	À	L	T	E	M	A
T	E	N	O	I	S	S	E	R	P	M	I	N	C	U
U	S	C	H	I	A	R	E	Z	Z	A	L	T	D	T
I	P	G	N	I	V	G	N	G	K	D	I	I	R	E
Z	R	W	W	E	S	I	U	O	S	X	B	M	A	N
I	E	Y	U	J	T	P	S	N	N	M	A	E	M	T
O	S	T	R	G	Z	A	I	I	D	X	T	N	M	I
N	S	A	K	T	M	J	Y	R	O	U	Q	T	A	C
E	I	N	O	I	Z	O	M	E	A	N	X	I	T	I
Z	O	E	N	A	T	N	O	P	S	Z	I	A	I	T
R	N	A	R	T	I	S	T	I	C	O	I	F	C	À
B	E	S	E	N	S	A	Z	I	O	N	E	O	O	T
B	F	C	G	X	C	O	V	I	T	N	E	V	N	I
I	M	M	A	G	I	N	A	Z	I	O	N	E	Z	E

ARTISTICO
AUTENTICITÀ
CHIAREZZA
DRAMMATICO
EMOZIONI
SPONTANEO
ESPRESSIONE
FLUIDITÀ
ABILITÀ

IMMAGINAZIONE
IMPRESSIONE
ISPIRAZIONE
INTENSITÀ
INTUIZIONE
INVENTIVO
SENSAZIONE
SENTIMENTI
VISIONI

67 - Dias e Meses

O	A	C	S	E	T	T	E	M	B	R	E	F	G	O
T	P	F	A	A	N	N	O	O	N	G	U	I	G	T
T	R	G	E	L	Z	Y	U	T	C	O	R	Q	Q	A
O	I	N	R	B	E	G	B	S	S	E	I	F	N	B
B	L	W	B	J	B	N	D	O	M	E	N	I	C	A
R	E	G	M	W	W	R	D	G	Z	W	M	Z	A	S
E	I	G	E	F	R	S	A	A	P	O	U	B	E	Y
N	H	N	C	S	H	J	L	I	R	K	D	F	R	G
V	L	T	I	Q	M	U	U	O	O	I	T	L	B	I
E	L	G	D	O	A	Y	N	L	I	H	O	G	M	O
N	E	U	H	C	A	B	E	D	A	M	E	S	E	V
E	P	H	G	R	Y	A	D	O	N	G	B	R	V	E
R	E	U	L	L	N	A	Ì	Q	N	M	I	I	O	D
D	A	Z	B	A	I	O	B	W	E	W	A	I	N	Ì
Ì	G	W	D	F	K	O	P	E	G	L	D	G	U	A

APRILE
AGOSTO
ANNO
CALENDARIO
DICEMBRE
DOMENICA
FEBBRAIO
GENNAIO
LUGLIO
GIUGNO
MESE
NOVEMBRE
OTTOBRE
GIOVEDÌ
SABATO
LUNEDÌ
SETTEMBRE
VENERDÌ

68 - Saúde e Bem Estar #2

Y	Q	T	E	N	O	I	Z	E	F	N	I	T	X	A
D	E	C	N	N	V	I	T	A	M	I	N	A	N	P
D	B	Z	E	E	E	U	G	N	A	S	M	F	P	P
S	A	W	I	C	Z	R	L	X	X	M	E	A	L	E
M	I	A	G	G	O	I	G	G	A	S	S	A	M	T
A	T	E	I	D	E	U	L	I	Q	R	H	I	A	I
I	T	B	Q	I	T	N	M	M	A	B	T	G	N	T
R	A	D	B	G	T	I	E	O	N	A	S	R	A	O
O	L	X	K	E	I	W	L	T	R	X	P	E	T	R
L	A	I	S	S	K	L	A	D	I	E	I	L	O	E
A	M	T	T	T	X	F	D	X	T	C	T	L	M	P
C	C	Q	H	I	R	X	E	Z	E	B	A	A	I	U
T	X	Y	H	O	S	E	P	B	R	B	W	R	A	C
M	A	H	W	N	Y	Y	S	C	O	R	P	O	I	E
Q	T	U	Y	E	W	G	O	W	P	Z	J	Q	M	R

ALLERGIA
ANATOMIA
APPETITO
CALORIA
CORPO
DIETA
DIGESTIONE
MALATTIA
ENERGIA
GENETICA
IGIENE
OSPEDALE
UMORE
INFEZIONE
MASSAGGIO
PESO
RECUPERO
SANGUE
SANO
VITAMINA

69 - Geografia

M	I	S	U	D	E	R	E	G	I	O	N	E	K	H
O	E	S	L	A	T	I	T	U	D	I	N	E	Q	Z
C	S	R	O	R	E	F	S	I	M	E	H	O	Z	D
E	E	A	I	L	W	S	B	Y	À	T	S	E	V	O
A	A	K	D	D	A	N	G	A	T	N	O	M	Z	F
N	P	H	T	B	I	Y	S	G	T	A	P	P	A	M
O	D	N	O	M	J	A	S	N	I	L	N	O	R	D
E	T	N	E	N	I	T	N	O	C	T	H	E	B	J
Y	B	Q	L	F	R	L	R	O	Q	A	A	M	Z	Z
P	J	Q	O	I	A	L	T	I	T	U	D	I	N	E
M	J	J	Y	U	T	E	R	R	I	T	O	R	I	O
X	A	G	J	M	L	E	R	P	G	E	Q	M	J	E
K	G	R	T	E	K	F	L	N	T	I	K	H	X	E
N	R	H	E	F	P	J	Y	O	X	N	P	E	J	I
C	C	I	W	X	Z	E	U	Q	H	I	D	E	G	K

ALTITUDINE
ATLANTE
CITTÀ
CONTINENTE
EMISFERO
ISOLA
LATITUDINE
MAPPA
MARE
MERIDIANO
MONTAGNA
MONDO
NORD
OCEANO
OVEST
PAESE
REGIONE
FIUME
SUD
TERRITORIO

70 - Antártica

G	H	I	A	C	C	I	O	A	G	T	W	Y	G	M
S	P	E	D	I	Z	I	O	N	E	T	W	O	H	I
R	I	C	E	R	C	A	T	O	R	E	L	B	I	N
C	O	N	S	E	R	V	A	Z	I	O	N	E	A	E
G	E	O	G	R	A	F	I	A	P	X	G	F	C	R
M	R	O	C	C	I	O	S	O	O	N	Y	F	C	A
G	I	S	C	I	E	N	T	I	F	I	C	O	I	L
X	F	G	P	I	N	G	U	I	N	I	L	Y	A	I
D	D	U	R	A	U	R	X	R	M	X	H	D	I	E
I	O	S	Q	A	R	U	T	A	R	E	P	M	E	T
N	S	H	L	I	Z	G	T	B	L	W	L	N	N	Z
D	J	O	R	A	R	I	N	D	N	D	N	E	E	T
O	W	S	L	B	A	L	O	S	I	N	E	P	L	O
T	W	J	P	E	I	I	G	N	A	C	Q	U	A	X
A	M	B	I	E	N	T	E	X	E	E	G	C	B	X

AMBIENTE
ACQUA
BAIA
BALENE
SCIENTIFICO
CONSERVAZIONE
SPEDIZIONE
GHIACCIAI
GHIACCIO
GEOGRAFIA
ISOLE
RICERCATORE
MIGRAZIONE
MINERALI
PENISOLA
PINGUINI
ROCCIOSO
TEMPERATURA

71 - Flores

P	O	Z	Z	A	M	Q	J	G	C	M	E	L	J	H
N	L	G	C	O	R	E	V	A	P	A	P	Y	L	P
L	A	U	U	E	U	M	M	R	L	U	T	F	A	T
I	T	K	M	D	Q	I	Z	D	E	L	R	U	V	U
G	E	M	D	E	H	O	Z	E	I	Q	I	I	A	L
O	P	A	H	L	R	N	F	N	N	R	F	L	N	I
R	C	R	X	O	M	I	O	I	Y	Y	O	N	D	P
C	A	G	W	S	W	M	A	A	S	N	G	K	A	A
H	L	H	R	A	S	O	R	K	D	T	L	K	Y	N
I	E	E	O	R	H	S	P	C	Q	L	I	W	C	O
D	N	R	C	I	F	L	D	R	I	D	O	S	U	Y
E	D	I	S	G	L	E	M	A	G	N	O	L	I	A
A	U	T	I	B	F	G	P	E	O	N	I	A	K	S
B	L	A	B	Q	O	S	I	C	R	A	N	U	D	I
Z	A	U	I	P	L	M	F	G	W	T	C	P	W	S

MAZZO
CALENDULA
GARDENIA
GIRASOLE
IBISCO
GELSOMINO
LAVANDA
LILLA
GIGLIO
MAGNOLIA
MARGHERITA
NARCISO
ORCHIDEA
PAPAVERO
PEONIA
PETALO
PLUMERIA
ROSA
TRIFOGLIO
TULIPANO

72 - Fazenda #1

O	U	O	R	A	C	C	U	M	Q	U	E	A	L	R
A	U	E	I	S	C	A	C	A	P	E	L	J	Z	E
T	S	G	S	Q	I	Q	M	E	G	Z	L	L	T	C
K	W	G	O	A	O	E	U	P	F	I	E	N	O	I
Y	U	E	I	L	K	N	H	A	O	I	H	G	L	N
I	Q	R	G	F	W	U	E	L	E	I	M	I	L	T
G	A	G	R	I	C	O	L	T	U	R	A	I	A	O
I	R	Q	W	A	O	V	A	W	O	K	M	X	V	L
Y	P	K	G	S	W	R	I	C	F	F	Q	T	A	L
C	A	N	E	I	A	O	A	Y	T	L	Z	G	C	E
K	C	M	O	N	P	C	M	J	L	R	B	U	Y	T
P	G	Y	O	O	L	L	O	P	I	C	W	E	B	I
M	K	A	I	K	Z	G	A	T	T	O	W	A	H	V
F	E	R	T	I	L	I	Z	Z	A	N	T	E	I	N
A	H	L	U	Z	F	A	H	L	N	Z	I	H	T	Y

APE
AGRICOLTURA
RISO
ACQUA
VITELLO
ASINO
CAPRA
CAMPO
CAVALLO
CANE
RECINTO
CORVO
FIENO
FERTILIZZANTE
POLLO
GATTO
MIELE
MAIALE
GREGGE
MUCCA

73 - Livros

S	I	N	V	E	N	T	I	V	O	S	I	C	W	X
S	C	E	R	O	T	A	R	R	A	N	S	A	D	C
T	F	R	O	T	S	E	T	N	O	C	E	R	W	G
O	S	O	I	T	U	M	F	A	F	O	R	A	E	T
R	I	T	À	T	I	L	A	U	D	L	I	T	P	J
I	W	U	U	K	T	W	U	M	J	L	E	T	I	A
A	D	A	B	G	C	O	M	Z	W	E	C	E	C	V
P	O	E	S	I	A	N	S	P	G	Z	O	R	O	V
T	R	A	G	I	C	O	X	X	R	I	C	E	B	E
L	E	T	T	O	R	E	L	G	H	O	I	Z	P	N
L	E	T	T	E	R	A	R	I	O	N	R	Z	A	T
Q	N	R	O	M	A	N	Z	O	R	E	O	Y	G	U
G	U	G	O	R	I	L	E	V	A	N	T	E	I	R
B	C	O	J	X	S	T	J	M	R	D	S	U	N	A
T	R	N	S	B	E	K	S	Q	R	J	A	U	A	P

AUTORE
AVVENTURA
COLLEZIONE
CONTESTO
DUALITÀ
SCRITTO
EPICO
STORIA
STORICO
INVENTIVO
LETTORE
LETTERARIO
NARRATORE
PAGINA
CARATTERE
POESIA
RILEVANTE
ROMANZO
SERIE
TRAGICO

74 - Chocolate

P	I	C	N	B	N	S	L	I	H	N	X	B	Q	D
A	N	Y	J	B	O	S	O	I	Z	I	L	E	D	O
D	G	C	P	T	C	Y	X	X	T	S	P	B	N	L
H	R	A	S	W	E	R	A	I	G	N	A	M	T	C
I	E	L	G	O	D	C	T	E	H	I	M	D	C	E
K	D	O	K	T	I	E	A	Y	A	U	O	X	O	A
E	I	R	O	I	C	C	B	C	Z	M	R	N	O	R
S	E	I	L	R	O	R	W	X	A	Y	A	R	I	A
O	N	E	L	E	C	X	D	K	T	O	L	R	T	C
T	T	R	E	F	C	Q	U	A	L	I	T	À	O	H
I	E	E	M	E	O	Z	U	C	C	H	E	R	O	I
C	L	V	A	R	T	I	G	I	A	N	A	L	E	D
O	K	L	R	P	S	R	I	C	E	T	T	A	H	I
U	W	O	A	H	U	I	H	A	I	P	T	H	W	N
B	Y	P	C	H	G	U	C	C	H	J	I	N	C	Y

ZUCCHERO
AMARO
ARACHIDI
AROMA
ARTIGIANALE
CACAO
CALORIE
CARAMELLO
NOCE DI COCCO
MANGIARE
DELIZIOSO
DOLCE
ESOTICO
PREFERITO
GUSTO
INGREDIENTE
POLVERE
QUALITÀ
RICETTA

75 - Governo

D	D	T	A	Z	Q	M	O	N	U	M	E	N	T	O
D	E	N	O	I	Z	U	T	I	T	S	O	C	O	B
C	E	G	G	E	L	A	A	C	I	T	I	L	O	P
I	N	M	J	P	Q	M	T	R	N	Z	W	K	H	C
V	O	T	O	F	H	A	S	D	T	X	M	E	Y	I
I	I	Q	S	C	S	H	E	N	O	I	Z	A	N	T
L	S	B	R	Q	R	G	Y	S	U	A	E	J	K	T
E	S	K	O	Z	K	A	S	D	M	I	H	R	D	A
F	U	W	C	O	D	Q	Z	C	E	C	R	W	E	D
U	C	X	S	F	H	N	C	I	R	Q	A	E	H	I
E	S	K	I	X	W	I	F	P	A	E	F	P	N	N
W	I	J	D	G	I	U	S	T	I	Z	I	A	O	A
T	D	L	I	B	E	R	T	À	U	R	C	H	E	N
U	G	U	A	G	L	I	A	N	Z	A	P	W	C	Z
U	M	U	G	I	U	D	I	Z	I	A	R	I	O	A

CITTADINANZA
CIVILE
COSTITUZIONE
DEMOCRAZIA
DISCORSO
DISCUSSIONE
QUARTIERE
STATO
UGUAGLIANZA
GIUDIZIARIO
GIUSTIZIA
LEGGE
LIBERTÀ
CAPO
MONUMENTO
NAZIONE
POLITICA

76 - Jardinagem

C	C	S	E	L	U	S	G	S	T	A	B	S	W	F
L	O	E	L	A	N	O	I	G	A	T	S	P	W	I
I	M	M	A	C	O	Z	F	E	R	I	R	O	F	O
M	P	I	E	O	I	Z	T	Z	O	P	K	R	B	R
A	O	D	R	M	F	A	A	C	Q	U	A	C	F	I
F	S	G	O	M	O	M	J	Z	F	L	Z	O	R	R
T	T	X	L	E	G	H	M	B	L	U	W	L	U	E
I	D	U	F	S	L	L	B	K	D	W	F	O	T	I
Y	L	Q	U	T	I	P	F	P	K	X	F	U	T	C
T	U	B	O	I	A	F	O	C	I	T	O	S	E	E
F	O	E	P	B	U	M	I	D	I	T	À	D	T	P
X	E	M	A	I	L	G	O	F	J	N	B	Q	O	S
U	G	N	T	L	R	F	D	R	W	J	E	G	Y	S
G	Z	X	X	E	R	O	T	I	N	E	T	N	O	C
T	N	O	Y	J	X	B	O	T	A	N	I	C	O	P

ACQUA
BOTANICO
MAZZO
CLIMA
COMMESTIBILE
COMPOST
SPECIE
ESOTICO
FIORIRE
FLOREALE
FOGLIA
FOGLIAME
TUBO
FRUTTETO
CONTENITORE
STAGIONALE
SEMI
SUOLO
SPORCO
UMIDITÀ

77 - Profissões #2

C	A	T	S	I	L	A	N	R	O	I	G	N	D	Z
H	E	R	O	T	N	E	V	N	I	Q	K	D	L	S
I	Y	O	H	T	U	G	O	B	I	O	L	O	G	O
R	G	I	P	C	I	Y	E	U	S	T	Q	A	J	I
U	I	T	W	O	F	A	R	G	O	T	O	F	W	R
R	T	N	S	F	A	T	U	A	N	O	R	T	S	A
G	A	T	S	I	U	G	N	I	L	E	I	R	D	C
O	C	I	D	E	M	F	I	U	Y	L	R	U	E	E
F	U	I	N	M	G	Z	L	F	E	C	U	E	N	T
O	I	E	R	E	I	N	I	D	R	A	I	G	T	O
S	Z	C	I	I	W	X	A	T	O	L	I	P	I	I
O	Z	O	O	L	O	G	O	N	T	Z	D	Q	S	L
L	C	L	Z	S	X	F	K	Q	T	E	D	M	T	B
I	N	O	U	N	P	S	C	Y	I	E	L	S	A	I
F	Y	Y	G	X	S	N	J	A	P	N	Q	H	C	B

ASTRONAUTA
BIBLIOTECARIO
BIOLOGO
CHIRURGO
DENTISTA
INGEGNERE
FILOSOFO
FOTOGRAFO
INVENTORE
GIARDINIERE
GIORNALISTA
LINGUISTA
MEDICO
PILOTA
PITTORE
INSEGNANTE
ZOOLOGO

78 - Café

M	Z	H	I	Y	T	D	G	Z	X	A	I	E	O	M
D	F	O	G	W	G	U	U	D	E	G	R	F	X	O
U	N	U	H	K	J	R	C	Q	Y	L	F	T	Y	O
Z	A	P	S	X	Y	S	X	I	Z	A	U	Q	C	A
P	Z	K	I	K	S	U	F	L	C	T	A	O	L	N
Z	P	S	N	H	D	L	C	C	H	T	M	R	I	I
U	O	T	I	T	S	O	R	R	A	E	A	I	Q	T
C	B	R	R	R	P	R	E	E	B	O	R	G	U	T
C	E	A	E	E	I	T	M	R	K	Y	O	I	I	A
H	V	Q	F	N	F	L	A	G	A	G	C	N	D	M
E	A	T	À	T	E	I	R	A	V	N	U	E	O	N
R	N	A	G	Y	G	F	G	R	E	W	I	S	S	B
O	D	Z	C	Q	P	R	E	Z	Z	O	S	C	T	S
A	A	Z	C	A	F	F	E	I	N	A	N	B	A	O
Q	Z	A	J	G	W	B	A	R	O	M	A	Z	T	M

ZUCCHERO
AMARO
AROMA
ARROSTITO
ACQUA
BEVANDA
CAFFEINA
TAZZA
CREMA
FILTRO
LATTE
LIQUIDO
MATTINA
MACINARE
ORIGINE
PREZZO
NERO
GUSTO
VARIETÀ

79 - Negócios

J	D	I	N	V	E	S	T	I	M	E	N	T	O	I
T	O	I	Z	O	G	E	N	U	F	F	I	C	I	O
I	T	S	P	S	C	O	N	T	O	A	D	H	Z	D
Z	S	R	L	E	S	S	A	T	V	A	L	U	T	A
Z	O	J	M	O	N	E	Q	N	B	Z	O	D	À	K
X	C	Q	P	K	O	D	C	F	T	C	S	J	T	E
M	A	N	A	G	E	R	E	O	T	I	D	D	E	R
F	P	W	Q	R	P	B	C	N	N	F	Y	L	I	F
F	I	N	A	N	Z	A	I	O	T	O	F	C	C	A
Y	L	M	F	F	X	Z	D	L	D	E	M	I	O	B
Q	Y	E	E	C	X	F	J	K	A	L	R	I	S	B
F	I	R	V	E	N	D	I	T	A	N	J	G	A	R
J	P	C	C	A	R	R	I	E	R	A	C	W	B	I
G	W	E	S	T	L	I	F	O	O	D	A	I	M	C
U	M	B	P	R	O	F	I	T	T	O	U	E	O	A

CARRIERA
COSTO
SCONTO
SOLDI
ECONOMIA
DIPENDENTE
SOCIETÀ
UFFICIO
FABBRICA
FINANZA
MANAGER
TASSE
INVESTIMENTO
NEGOZIO
PROFITTO
MERCE
VALUTA
BILANCIO
REDDITO
VENDITA

80 - Fazenda #2

A	A	G	R	I	C	O	L	T	O	R	E	L	E	Q
I	L	A	M	I	N	A	T	T	U	R	F	T	E	Z
M	Y	V	I	R	R	I	G	A	Z	I	O	N	E	N
V	A	X	E	G	R	A	N	O	L	L	E	N	G	A
E	R	T	K	A	X	O	D	A	M	K	E	L	N	M
R	T	B	U	G	R	M	R	P	E	C	O	R	A	A
D	A	I	M	R	W	E	L	I	N	E	I	F	R	L
U	N	T	N	O	O	T	E	T	T	U	R	F	Q	L
R	A	R	B	T	T	Z	P	A	S	T	O	R	E	A
A	R	A	L	F	A	K	R	P	I	O	I	S	J	T
U	C	T	R	G	R	Z	Z	O	A	D	W	Q	R	T
P	X	T	C	X	P	E	Y	X	M	X	G	I	L	E
I	Q	O	T	K	W	I	E	O	S	Q	O	K	A	H
T	W	R	F	U	L	X	N	R	D	Z	P	E	S	Z
Y	R	E	L	K	L	E	S	M	G	Z	D	N	E	H

AGRICOLTORE
ANIMALI
FIENILE
ORZO
ALVEARE
AGNELLO
FRUTTA
IRRIGAZIONE
LATTE
LAMA
MATURO
MAIS
PECORA
PASTORE
ANATRA
FRUTTETO
PRATO
TRATTORE
GRANO
VERDURA

81 - Jardim

R	A	P	G	G	N	H	Q	S	A	B	X	F	G	L
E	E	R	A	A	M	A	C	A	U	E	X	A	H	R
Y	M	A	R	C	Q	X	R	Z	A	O	B	U	T	E
S	E	T	A	N	U	L	D	Z	A	T	L	E	H	J
C	T	O	G	A	L	C	U	A	I	E	R	O	I	F
E	I	A	E	P	Z	H	L	R	O	T	B	T	Z	H
S	V	Y	G	B	X	O	I	R	K	T	M	N	P	G
P	P	Y	E	N	L	R	C	E	Y	U	R	I	G	O
U	E	S	M	P	O	E	K	T	D	R	U	C	I	F
G	K	I	S	F	A	B	R	E	D	F	W	E	A	Y
L	S	L	N	O	L	L	E	R	T	S	A	R	R	E
I	Z	G	R	D	H	A	A	R	K	W	R	F	D	M
O	N	I	L	O	P	M	A	R	T	J	Z	M	I	I
G	P	B	S	J	T	P	Q	T	A	E	R	J	N	G
P	O	R	T	I	C	O	O	O	K	A	Y	N	O	I

RASTRELLO
CESPUGLIO
ALBERO
PANCA
RECINTO
FIORE
GARAGE
ERBA
PRATO
GIARDINO
STAGNO
AMACA
TUBO
PALA
FRUTTETO
SUOLO
TERRAZZA
TRAMPOLINO
PORTICO
VITE

82 - Oceano

T	E	M	P	E	S	T	A	M	K	Z	B	A	A	A
S	S	R	U	K	P	D	G	A	C	R	A	B	L	N
M	S	Q	U	A	L	O	J	R	N	L	H	L	G	G
R	E	A	C	K	T	U	F	E	E	G	O	W	H	U
A	C	D	O	Z	E	M	K	E	L	G	U	K	E	I
K	S	E	U	S	O	T	E	T	R	C	P	P	G	L
G	E	L	A	S	M	Z	O	E	K	S	S	X	S	L
M	P	B	Z	J	A	N	E	L	A	B	S	S	A	A
T	O	N	N	O	C	C	C	S	A	B	X	N	H	K
M	N	F	J	T	I	S	O	W	G	U	T	A	J	K
X	I	A	G	U	R	A	T	R	A	T	M	W	R	P
X	F	L	U	I	T	F	Y	F	A	Z	P	Q	K	I
L	L	L	X	D	S	A	R	E	I	L	G	O	C	S
U	E	C	L	I	O	P	L	O	P	D	L	W	X	X
I	D	G	R	A	N	C	H	I	O	N	U	O	X	B

ALGHE
TONNO
BALENA
BARCA
GRANCHIO
CORALLO
ANGUILLA
SPUGNA
DELFINO
MAREE
MEDUSA
OSTRICA
PESCE
POLPO
SCOGLIERA
SALE
TARTARUGA
TEMPESTA
SQUALO

83 - Profissões #1

M	E	H	F	C	B	N	A	I	P	I	A	B	N	S
U	R	D	A	Y	A	X	V	N	S	D	R	P	Q	C
S	O	D	T	Z	N	N	V	F	I	R	T	H	Y	I
I	T	N	S	O	C	O	O	E	C	A	I	R	N	E
C	A	H	I	L	H	F	C	R	O	U	S	B	A	N
I	I	J	N	R	I	G	A	M	L	L	T	D	S	Z
S	C	E	A	T	E	L	T	I	O	I	A	S	T	I
T	C	S	I	K	R	L	O	E	G	C	O	T	R	A
A	A	Q	P	L	E	K	L	R	O	O	G	E	O	T
Z	C	E	J	H	O	K	L	A	R	Z	O	D	N	O
P	O	M	P	I	E	R	E	N	B	Q	L	I	O	U
G	I	O	I	E	L	L	I	E	R	E	O	T	M	F
A	M	B	A	S	C	I	A	T	O	R	E	O	O	Y
O	M	A	R	I	N	A	I	O	O	M	G	R	R	C
W	C	A	R	T	O	G	R	A	F	O	R	E	J	N

AVVOCATO
ARTISTA
ASTRONOMO
BANCHIERE
POMPIERE
CACCIATORE
CARTOGRAFO
SCIENZIATO
BALLERINO
EDITORE
AMBASCIATORE
IDRAULICO
INFERMIERA
GEOLOGO
GIOIELLIERE
MARINAIO
MUSICISTA
PIANISTA
PSICOLOGO

84 - Força e Gravidade

D	I	N	A	M	I	C	O	O	P	M	E	T	T	J
P	R	O	P	R	I	E	T	À	R	S	C	E	N	C
V	S	R	T	M	T	N	R	M	F	B	F	Q	N	L
E	C	T	Q	A	E	O	Y	C	Z	M	I	X	Y	D
L	O	N	Y	G	N	I	F	C	I	B	A	T	Y	M
O	P	E	E	N	A	S	D	A	C	E	R	S	A	E
C	E	C	N	E	I	N	I	M	P	A	T	T	O	C
I	R	X	O	T	P	A	A	T	T	R	I	T	O	C
T	T	X	I	I	G	P	C	R	Q	K	F	Z	O	A
À	A	H	S	S	L	S	C	I	G	R	J	D	W	N
F	K	P	S	M	M	E	M	U	S	R	C	G	R	I
T	L	H	E	O	B	S	H	U	T	I	X	T	T	C
K	C	E	R	S	T	S	I	T	S	M	F	U	W	A
L	H	P	P	W	O	A	D	I	S	T	A	N	Z	A
M	O	V	I	M	E	N	T	O	A	R	L	M	N	P

ATTRITO
CENTRO
SCOPERTA
DINAMICO
DISTANZA
ASSE
ESPANSIONE
FISICA
IMPATTO
MAGNETISMO
MECCANICA
MOVIMENTO
ORBITA
PESO
PIANETI
PRESSIONE
PROPRIETÀ
VELOCITÀ
TEMPO

85 - Abelhas

D	O	N	G	R	I	G	F	F	I	X	O	P	K	Y
W	P	P	M	D	P	M	Y	I	F	U	L	E	R	B
H	X	J	Z	B	D	T	H	H	O	R	J	F	E	E
F	I	O	R	I	X	E	E	A	I	R	U	S	J	Q
B	E	N	E	F	I	C	O	B	N	F	I	T	Y	Q
E	L	T	T	P	Z	O	R	I	S	U	B	R	T	H
C	E	M	N	U	U	W	A	T	E	M	À	A	E	A
O	I	E	R	A	E	V	L	A	T	O	T	O	M	R
S	M	N	J	N	I	Y	N	T	T	R	I	L	A	E
I	H	I	J	I	B	P	E	G	O	L	S	Q	I	C
S	Q	L	U	G	Q	Q	G	Q	Z	R	R	L	C	J
T	N	L	R	E	O	I	A	Y	Y	Q	E	A	S	F
E	P	O	E	R	S	O	L	E	D	S	V	R	M	O
M	O	P	P	M	F	Q	A	N	L	T	I	J	E	R
A	J	Z	U	D	H	G	G	I	A	R	D	I	N	O

ALI
BENEFICO
CERA
ALVEARE
DIVERSITÀ
ECOSISTEMA
SCIAME
FIORIRE
FIORI
FRUTTA
FUMO
HABITAT
INSETTO
GIARDINO
MIELE
PIANTE
POLLINE
REGINA
SOLE

86 - Ciência

M	M	S	C	H	I	M	I	C	O	D	J	O	L	A
T	E	À	C	S	S	G	C	Z	L	U	M	L	A	F
I	E	T	F	I	L	A	R	E	N	I	M	A	B	O
Q	L	I	O	U	E	W	K	A	K	T	P	B	O	S
O	L	V	K	D	N	N	N	I	N	A	F	P	R	S
S	E	A	F	P	O	O	Z	I	O	D	A	P	A	I
J	C	R	U	I	I	N	E	I	U	X	T	F	T	L
A	I	G	N	A	Z	U	G	Y	A	Y	T	I	O	E
W	T	B	U	N	U	J	T	Q	O	T	O	S	R	I
Z	R	O	X	T	L	I	G	J	B	C	O	I	I	P
M	A	J	M	E	O	N	A	T	U	R	A	C	O	O
E	P	X	X	O	V	K	O	B	D	O	G	A	P	T
C	L	I	M	A	E	L	O	C	E	L	O	M	J	E
O	S	S	E	R	V	A	Z	I	O	N	E	C	M	S
R	S	N	L	Y	O	R	G	A	N	I	S	M	O	I

ATOMO
SCIENZIATO
CLIMA
DATI
EVOLUZIONE
FATTO
FISICA
FOSSILE
GRAVITÀ
IPOTESI
LABORATORIO
METODO
MINERALI
MOLECOLE
NATURA
OSSERVAZIONE
ORGANISMO
PARTICELLE
PIANTE
CHIMICO

87 - Comida #1

A	C	C	O	C	I	B	L	A	Y	N	A	C	C	P
L	I	M	O	N	E	W	G	G	I	F	R	H	A	C
L	C	E	C	Z	A	T	R	A	P	A	A	S	N	M
O	A	P	I	Y	U	O	T	O	Y	T	C	A	N	I
P	N	K	L	Y	J	C	D	A	F	R	H	L	E	N
I	I	A	I	U	M	C	C	G	L	O	I	E	L	E
C	P	H	S	R	I	U	S	H	Z	T	D	S	L	S
O	S	R	A	U	O	S	Z	P	E	T	I	O	A	T
E	B	O	B	R	F	E	H	R	O	R	R	J	K	R
A	G	L	I	O	C	R	P	S	D	T	O	I	R	A
Z	A	J	J	N	A	Q	A	T	A	L	A	S	N	I
A	M	I	D	N	R	Y	U	G	S	S	X	J	B	S
N	F	N	U	O	O	N	S	Y	O	Z	R	O	E	W
R	B	E	W	T	T	K	O	D	Q	L	A	M	R	U
O	J	C	E	J	A	J	B	F	K	X	A	I	Z	A

ZUCCHERO
AGLIO
ARACHIDI
TONNO
TORTA
CANNELLA
CIPOLLA
CAROTA
ORZO
ALBICOCCA
SPINACI
LATTE
LIMONE
BASILICO
FRAGOLA
RAPA
SALE
INSALATA
MINESTRA
SUCCO

88 - Geometria

O	S	C	L	C	K	I	O	C	Y	Y	N	W	A	R
R	U	M	A	S	S	A	M	U	E	M	U	N	U	B
I	P	F	V	L	U	I	Y	F	S	R	A	L	I	C
Z	E	N	R	F	C	A	O	L	D	A	C	H	D	U
Z	R	U	U	X	W	O	W	A	R	L	A	H	C	J
O	F	D	C	G	U	X	L	N	Y	D	L	P	I	W
N	I	N	D	O	P	T	X	O	F	I	T	A	T	O
T	C	O	R	T	E	M	A	I	D	M	E	R	R	T
A	I	E	N	O	I	Z	A	U	Q	E	Z	A	I	N
L	E	F	A	A	P	A	T	J	C	N	Z	L	A	E
E	M	L	O	G	I	C	A	A	X	S	A	L	N	M
T	E	O	R	I	A	D	W	I	Y	I	U	E	G	G
A	N	G	O	L	O	C	E	Y	N	O	C	L	O	E
Y	F	D	X	B	Y	H	L	M	Z	N	I	O	L	S
S	I	M	M	E	T	R	I	A	L	E	G	O	O	S

ALTEZZA
ANGOLO
CALCOLO
CERCHIO
CURVA
DIAMETRO
DIMENSIONE
EQUAZIONE
ORIZZONTALE
LOGICA
MASSA
MEDIANO
PARALLELO
SEGMENTO
SIMMETRIA
SUPERFICIE
TEORIA
TRIANGOLO

89 - Pássaros

A	E	S	Z	P	U	L	Y	Q	L	L	X	C	Y	Q
I	G	T	E	N	O	I	C	C	I	P	D	H	S	L
R	A	R	N	O	V	L	A	R	T	A	N	A	U	N
O	B	U	O	L	O	W	L	Q	C	U	C	U	L	O
N	B	Z	V	M	R	P	I	O	R	E	S	S	A	P
E	I	Z	A	L	E	A	U	N	P	O	M	P	O	G
B	A	O	P	S	T	P	Q	A	T	I	O	R	F	I
T	N	N	L	W	T	P	A	C	O	N	G	I	C	Y
P	O	I	H	E	O	A	O	I	Q	N	K	Y	K	R
O	C	U	F	O	C	G	I	L	O	G	A	F	C	J
B	C	G	M	C	I	A	D	L	X	K	P	C	P	K
R	E	N	M	N	N	L	D	E	F	O	Y	C	U	N
R	O	I	Z	Q	E	L	R	P	L	E	B	E	T	T
L	G	P	Q	B	F	O	C	A	N	A	R	I	N	O
C	I	C	O	G	N	A	E	F	T	L	B	L	C	H

STRUZZO
AQUILA
CANARINO
CICOGNA
CIGNO
CUCULO
FENICOTTERO
POLLO
GABBIANO
OCA
AIRONE
UOVO
PAPPAGALLO
PASSERO
ANATRA
PAVONE
PELLICANO
PINGUINO
PICCIONE
TUCANO

90 - Literatura

T	R	A	G	E	D	I	A	Z	S	L	Z	C	K	J
N	K	W	L	A	C	J	U	C	I	P	I	E	N	P
B	I	Y	E	K	S	D	Q	P	A	I	S	N	E	H
G	I	K	I	C	O	N	C	L	U	S	I	O	N	E
U	E	O	Z	N	A	M	O	R	J	Z	L	I	O	D
C	A	I	G	O	L	A	N	A	G	U	A	Z	I	I
K	T	H	I	R	F	H	R	Y	P	W	N	I	Z	A
G	E	R	O	T	A	R	R	A	N	O	A	R	N	L
A	O	K	P	H	M	F	G	U	Q	T	E	C	I	O
A	U	T	O	R	E	L	I	T	S	O	H	S	F	G
Y	Z	R	J	O	T	M	P	A	T	D	A	E	I	O
N	M	E	T	A	F	O	R	A	R	D	N	D	S	A
C	O	N	F	R	O	N	T	O	I	E	I	C	D	E
R	I	T	M	O	K	U	J	K	M	N	Y	D	G	T
O	P	I	N	I	O	N	E	F	A	A	H	W	W	X

ANALOGIA
ANALISI
ANEDDOTO
AUTORE
BIOGRAFIA
CONFRONTO
CONCLUSIONE
DESCRIZIONE
DIALOGO
STILE
FINZIONE
METAFORA
NARRATORE
OPINIONE
POESIA
RIMA
RITMO
ROMANZO
TEMA
TRAGEDIA

91 - Química

N	B	A	G	Z	Z	C	L	B	N	T	P	C	E	E
Q	I	C	G	Z	B	Y	L	S	B	Y	K	A	L	L
M	X	I	F	Q	I	B	H	O	W	Q	T	T	E	E
O	O	D	I	U	Q	I	L	Z	R	Z	Z	A	M	T
L	A	O	I	N	O	B	R	A	C	O	L	L	E	T
E	L	N	P	E	S	P	W	R	S	R	O	I	N	R
C	C	E	O	E	T	E	R	O	L	A	C	Z	T	O
O	A	G	U	S	S	N	K	G	L	M	I	Z	I	N
L	L	O	K	P	S	O	J	B	H	I	N	A	M	E
A	I	R	G	A	S	I	O	T	E	Z	A	T	I	L
H	N	D	K	P	F	Y	G	L	F	N	G	O	R	A
D	O	I	B	L	H	T	Y	E	D	E	R	R	Q	S
N	U	C	L	E	A	R	E	P	N	C	O	E	D	B
P	Q	H	U	Y	R	E	P	L	G	O	C	N	P	C
T	E	M	P	E	R	A	T	U	R	A	W	R	F	H

ALCALINO
ACIDO
CALORE
CARBONIO
CATALIZZATORE
CLORO
ELEMENTI
ELETTRONE
ENZIMA
GAS
IDROGENO
IONE
LIQUIDO
MOLECOLA
NUCLEARE
ORGANICO
OSSIGENO
PESO
SALE
TEMPERATURA

92 - Clima

À	S	D	E	M	M	E	R	B	W	A	E	N	A	N
T	R	K	S	B	O	N	A	G	A	R	U	U	R	E
I	R	U	F	L	S	N	C	L	I	M	A	B	C	B
C	T	O	N	O	U	T	S	W	Z	T	Z	E	O	B
C	O	L	P	B	P	B	J	O	U	K	Z	P	B	I
I	R	E	N	I	M	L	U	F	N	C	E	O	A	A
S	N	I	N	R	C	Y	T	H	K	E	R	L	L	R
K	A	C	T	S	R	A	X	B	B	I	B	A	E	E
X	D	W	Y	E	H	G	L	Z	Z	Z	X	R	N	F
L	O	K	I	P	M	F	K	E	G	Z	L	E	O	S
S	S	H	S	H	R	P	A	S	C	I	U	T	T	O
G	A	R	U	T	A	R	E	P	M	E	T	M	N	M
F	Y	T	R	S	X	E	N	S	P	F	O	I	E	T
N	C	O	U	D	Y	I	W	N	T	T	A	E	V	A
X	N	C	M	Z	E	O	I	C	C	A	I	H	G	O

ARCOBALENO
ATMOSFERA
BREZZA
CIELO
CLIMA
URAGANO
GHIACCIO
MONSONE
NEBBIA
NUBE

POLARE
FULMINE
SICCITÀ
ASCIUTTO
TEMPERATURA
TEMPESTA
TORNADO
TROPICALE
TUONO
VENTO

93 - Arte

C	T	U	V	P	S	G	F	E	N	I	Q	G	P	S
E	E	M	I	H	D	Q	W	U	A	G	J	A	K	T
R	N	O	S	J	H	O	S	E	M	P	L	I	C	E
A	O	R	I	X	J	N	P	H	Q	M	C	S	W	O
M	I	E	V	P	B	E	I	R	S	J	O	E	H	R
I	S	F	O	D	O	S	S	E	L	P	M	O	C	I
C	S	Y	X	T	R	T	Z	A	S	C	P	P	L	G
A	E	H	K	E	X	O	H	K	O	R	O	G	M	I
E	R	R	A	R	T	I	R	W	G	E	S	F	Z	N
Q	P	S	I	M	B	O	L	O	G	A	I	I	N	A
I	S	P	I	R	A	T	O	I	E	R	Z	G	T	L
P	E	R	S	O	N	A	L	E	T	E	I	U	K	E
C	S	C	U	L	T	U	R	A	T	B	O	R	G	W
D	I	P	I	N	T	I	X	Z	O	C	N	A	R	E
S	U	R	R	E	A	L	I	S	M	O	E	A	E	B

CERAMICA
COMPLESSO
COMPOSIZIONE
CREARE
SCULTURA
ESPRESSIONE
FIGURA
ONESTO
UMORE
ISPIRATO
ORIGINALE
PERSONALE
DIPINTI
POESIA
RITRARRE
SEMPLICE
SIMBOLO
SOGGETTO
SURREALISMO
VISIVO

94 - Diplomacia

D	G	I	U	S	T	I	Z	I	A	I	S	X	I	T
R	I	S	H	Z	E	G	D	C	W	N	O	E	T	U
I	U	P	I	E	R	E	I	L	G	I	S	N	O	C
S	M	O	L	N	M	J	U	F	H	D	J	H	F	G
O	A	E	R	O	T	A	I	C	S	A	B	M	A	O
L	N	N	Q	I	M	O	G	C	A	T	L	I	Z	V
U	I	O	T	Z	O	A	À	À	T	T	I	C	Z	E
Z	T	I	R	A	Z	C	T	T	A	I	N	O	E	R
I	A	Z	A	R	D	I	I	I	I	C	G	N	R	N
O	R	U	T	E	E	T	N	R	C	X	U	F	U	O
N	I	L	T	P	G	E	U	G	S	O	E	L	C	X
E	O	O	A	O	O	U	M	E	A	Z	T	I	I	P
Z	T	S	T	O	N	P	O	T	B	J	J	T	S	W
G	I	K	O	C	X	R	C	N	M	F	P	T	R	N
P	O	L	I	T	I	C	A	I	A	K	J	O	C	Q

CITTADINI
COMUNITÀ
CONFLITTO
CONSIGLIERE
COOPERAZIONE
DIPLOMATICO
AMBASCIATA
AMBASCIATORE
ETICA
GOVERNO
UMANITARIO
INTEGRITÀ
GIUSTIZIA
LINGUE
POLITICA
RISOLUZIONE
SICUREZZA
SOLUZIONE
TRATTATO

95 - Comida # 2

P	M	E	L	A	N	Z	A	N	A	M	E	L	A	F
U	O	G	N	U	F	B	C	H	V	T	P	G	E	O
B	T	L	T	I	Q	Y	R	H	U	E	E	R	O	R
U	A	F	L	R	P	R	C	O	M	L	S	A	D	M
R	L	J	F	O	S	U	I	I	C	F	C	N	P	A
C	O	Y	O	X	F	Z	Y	S	S	C	E	O	S	G
U	C	F	Y	K	I	W	I	M	O	V	O	U	D	G
U	C	P	R	O	S	C	I	U	T	T	O	L	K	I
B	O	F	Y	O	G	U	R	T	D	H	R	K	O	O
A	I	G	E	I	L	I	C	Y	J	Q	U	Y	G	N
N	C	X	L	S	H	G	C	A	R	C	I	O	F	O
A	X	M	A	N	D	O	R	L	A	K	A	G	R	D
N	P	O	M	O	D	O	R	O	C	Y	K	H	L	R
A	D	R	K	A	W	K	C	Z	N	N	P	M	R	M
Y	P	L	B	I	I	C	H	G	B	U	Z	R	A	L

CARCIOFO
MANDORLA
RISO
BANANA
MELANZANA
BROCCOLO
CILIEGIA
CIOCCOLATO
FUNGO
POLLO
YOGURT
KIWI
MELA
UOVO
PESCE
PROSCIUTTO
FORMAGGIO
POMODORO
GRANO
UVA

96 - Universo

M	R	D	C	L	C	A	C	I	E	L	O	E	G	R
Z	K	Z	O	I	E	S	Z	S	S	O	G	Q	A	U
P	P	P	S	E	L	T	O	U	Z	M	Y	U	L	P
S	H	U	M	N	E	R	D	U	S	O	D	A	A	E
S	Q	W	I	P	S	O	I	L	U	N	A	T	S	N
O	O	E	C	X	T	N	A	F	R	O	P	O	S	I
V	R	L	O	E	E	O	C	F	D	R	A	R	I	D
I	E	I	S	M	D	M	O	U	E	T	I	E	A	U
S	F	I	Z	T	O	I	P	O	C	S	E	L	E	T
I	S	B	W	Z	I	A	O	N	E	A	R	O	T	I
B	I	W	C	D	O	Z	R	R	S	H	A	F	Y	T
I	M	T	B	Y	E	N	I	S	E	C	L	O	O	A
L	E	L	Y	K	W	N	T	O	J	T	O	H	G	L
E	O	R	B	I	T	A	E	E	W	L	S	Z	Y	N
L	O	N	G	I	T	U	D	I	N	E	P	A	O	M

ASTEROIDE
ASTRONOMIA
ASTRONOMO
CELESTE
CIELO
COSMICO
EQUATORE
GALASSIA
EMISFERO
ORIZZONTE
LATITUDINE
LONGITUDINE
LUNA
ORBITA
SOLARE
SOLSTIZIO
TELESCOPIO
VISIBILE
ZODIACO

97 - Jazz

A	R	T	I	S	T	A	P	F	S	R	X	N	K	R
C	T	A	L	E	N	T	O	S	E	B	I	U	I	T
M	O	O	E	R	O	T	I	S	O	P	M	O	C	E
U	C	M	I	H	O	O	I	H	C	C	E	V	E	C
S	A	D	P	A	K	C	A	L	B	U	M	O	L	N
I	N	Y	F	O	E	Z	N	E	U	L	F	N	I	I
C	Z	I	N	I	S	N	Q	A	X	Q	A	C	T	C
A	O	I	H	T	J	I	F	U	A	W	M	O	S	A
Y	N	N	L	I	B	T	Z	A	N	A	O	N	D	H
Y	E	S	J	R	X	H	P	I	S	N	S	C	B	C
B	A	T	T	E	R	I	A	H	O	I	O	E	K	T
N	U	C	N	F	K	Q	N	L	H	N	A	R	L	I
O	P	P	X	E	R	E	N	E	G	K	E	T	W	N
I	R	M	A	R	T	S	E	H	C	R	O	O	M	K
E	C	E	B	P	U	R	I	T	M	O	X	S	A	M

ARTISTA
ALBUM
BATTERIA
CANZONE
COMPOSIZIONE
COMPOSITORE
CONCERTO
STILE
ENFASI
FAMOSO

PREFERITI
GENERE
INFLUENZE
MUSICA
NUOVO
ORCHESTRA
RITMO
TALENTO
TECNICA
VECCHIO

98 - Barcos

L	M	F	L	K	Q	L	H	N	P	Q	B	U	Y	C
Z	O	R	L	Z	T	A	E	R	A	M	O	I	A	O
P	T	O	G	A	S	G	D	D	R	O	A	Y	C	R
J	O	M	A	R	E	O	N	A	O	Q	N	G	H	D
I	R	T	R	M	M	T	O	O	C	P	Q	K	T	A
S	E	L	E	A	U	C	R	N	N	F	I	X	H	K
H	F	P	T	L	I	D	O	A	A	B	X	T	H	E
N	T	Q	T	B	F	D	W	C	G	Q	L	S	I	W
P	A	I	A	E	I	Y	L	G	E	H	L	U	Y	S
Q	N	U	Z	R	E	L	N	F	Q	A	E	S	J	M
P	S	E	T	O	L	F	I	E	R	K	N	T	U	A
S	J	I	H	I	K	A	Y	A	K	Z	J	O	T	B
G	Y	I	T	K	C	O	D	Q	L	U	X	K	Z	O
I	P	A	Y	Y	Q	O	I	A	N	I	R	A	M	F
H	X	H	E	Q	U	I	P	A	G	G	I	O	I	O

ANCORA
TRAGHETTO
BOA
KAYAK
CANOA
CORDA
DOCK
YACHT
ZATTERA
LAGO
MARE
MAREA
MARINAIO
ALBERO
MOTORE
NAUTICO
OCEANO
ONDE
FIUME
EQUIPAGGIO

99 - Mamíferos

B	L	D	C	A	N	E	C	A	M	M	E	L	L	O
A	L	S	E	C	A	V	A	L	L	O	C	O	W	D
L	P	H	T	L	X	Q	X	X	F	A	K	X	B	T
E	J	U	O	H	F	L	P	V	O	L	P	E	B	Q
N	C	E	Y	Y	G	I	L	E	L	O	S	T	Q	C
A	K	D	O	R	O	T	N	N	C	F	H	E	L	I
F	A	E	C	G	R	C	C	O	J	O	T	T	A	G
S	F	F	N	J	I	G	U	E	Y	R	R	N	I	J
X	F	A	K	P	L	M	J	L	U	U	B	A	M	C
D	A	R	F	Q	L	L	U	P	E	G	I	F	M	C
O	R	O	T	S	A	C	U	H	H	N	X	E	I	R
C	I	Z	E	B	R	A	H	P	F	A	L	L	C	J
C	G	A	O	I	L	G	I	N	O	C	F	E	S	A
Q	C	P	G	K	J	S	N	B	L	A	I	F	F	R
B	Q	S	M	H	M	T	G	X	L	Y	P	L	B	A

BALENA
CAMMELLO
CANGURO
CASTORO
CAVALLO
CANE
CONIGLIO
COYOTE
ELEFANTE
GATTO
GIRAFFA
DELFINO
GORILLA
LEONE
LUPO
SCIMMIA
PECORA
VOLPE
TORO
ZEBRA

100 - Atividades e Lazer

I	H	P	N	V	B	A	S	E	B	A	L	L	T	P
N	M	R	T	F	I	P	A	L	L	A	V	O	L	O
O	R	M	M	W	R	A	R	U	T	T	I	P	T	L
I	O	Q	E	X	O	B	G	F	T	H	R	T	X	I
S	I	J	F	R	U	S	O	G	M	A	I	R	N	A
R	G	J	F	M	S	O	T	W	I	L	E	T	X	E
U	G	N	P	T	B	I	G	Q	C	O	T	T	M	Q
C	A	R	T	E	J	C	O	U	T	E	N	N	I	S
S	N	C	X	H	Z	A	T	N	D	B	A	D	T	X
E	I	M	S	E	F	L	O	G	E	A	S	J	R	R
L	D	M	M	E	B	C	U	R	Q	S	S	O	W	B
C	R	U	U	T	P	I	N	Q	A	K	A	P	Y	T
M	A	Z	G	T	Y	O	D	K	D	E	L	N	R	P
J	I	H	O	B	B	Y	A	J	X	T	I	J	E	C
F	G	C	A	M	P	E	G	G	I	O	R	N	U	P

CAMPEGGIO
ARTE
BASKET
BASEBALL
BOXE
ESCURSIONI
CALCIO
GOLF
HOBBY
GIARDINAGGIO
IMMERSIONE
NUOTO
PESCA
PITTURA
RILASSANTE
SURF
TENNIS
VIAGGIO
PALLAVOLO

1 - Dirigindo

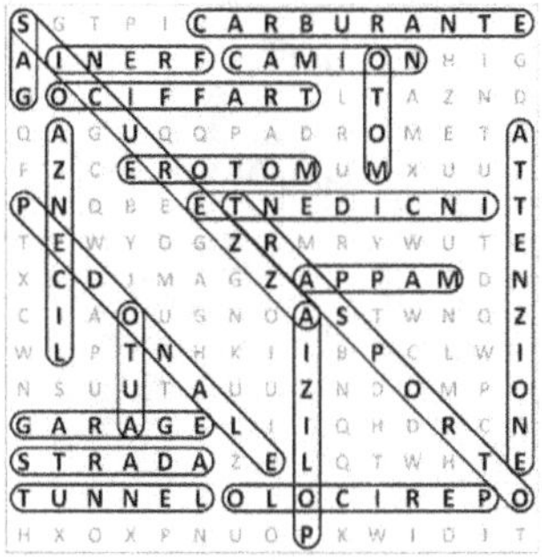

2 - Antiguidades

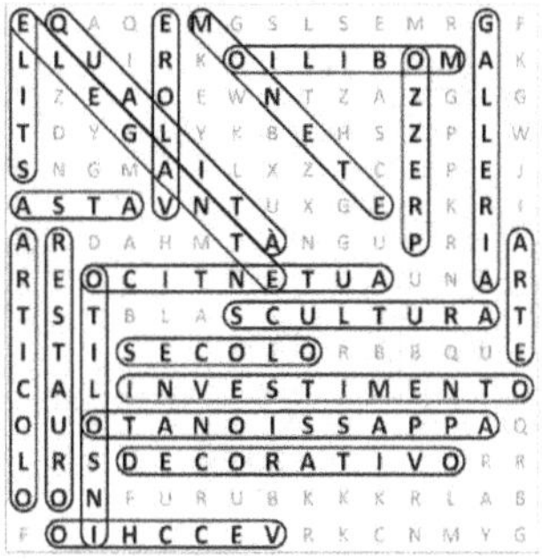

3 - Churrascos

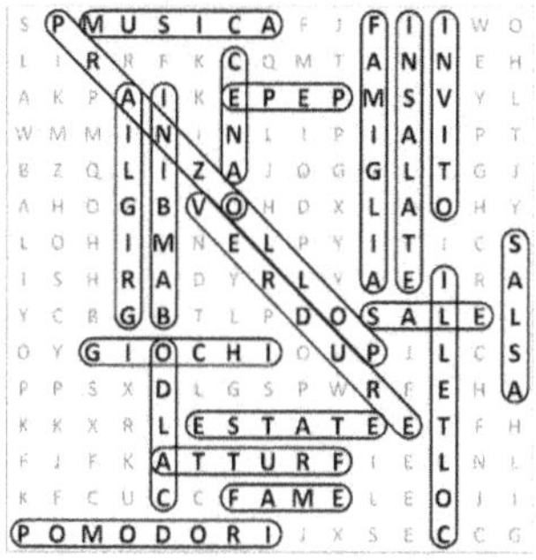

4 - Geologia

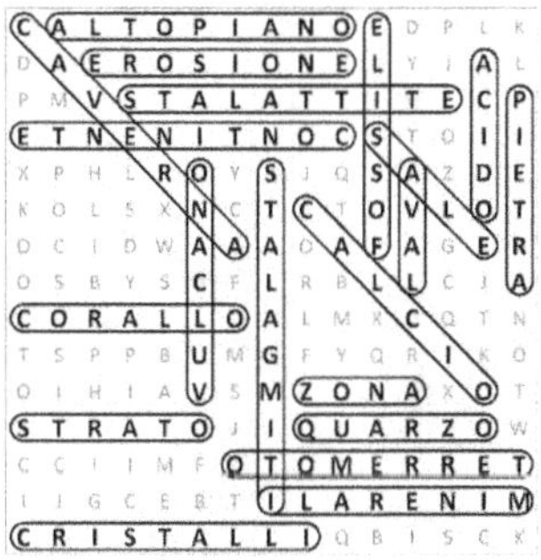

5 - Ética

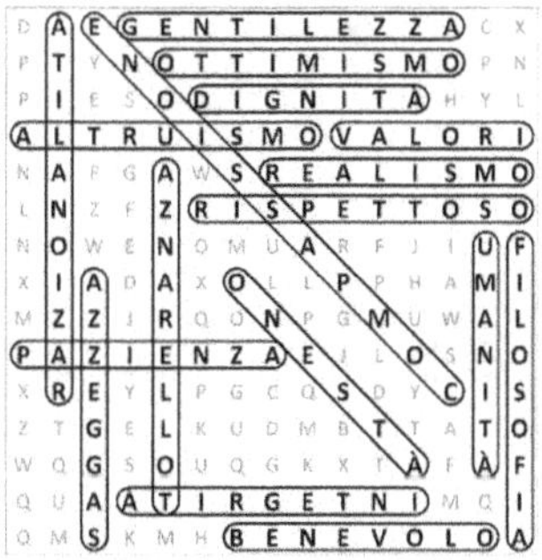

6 - Tempo

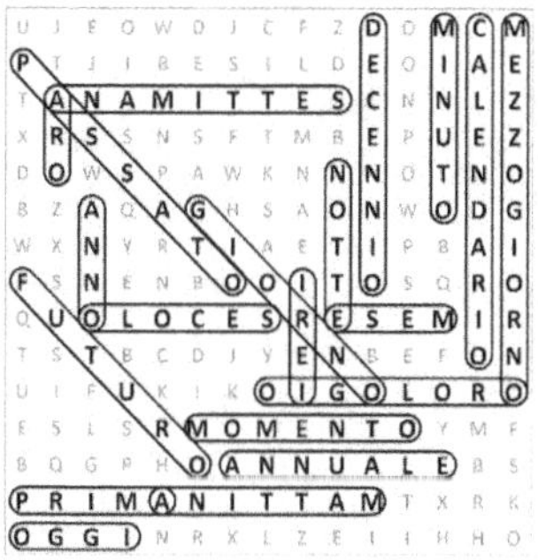

7 - Astronomia

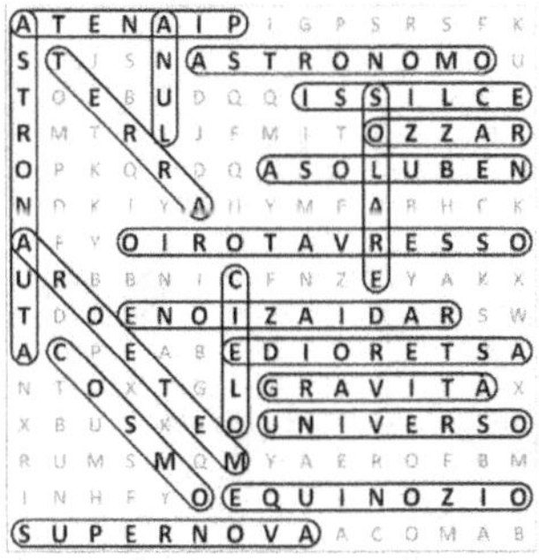

8 - Acampamento

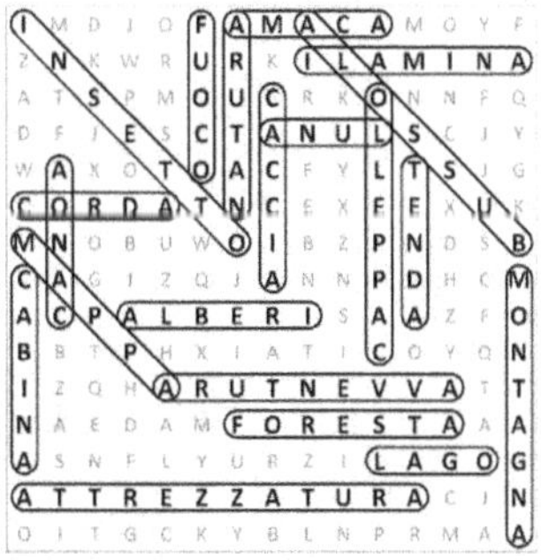

9 - Ficção Científica

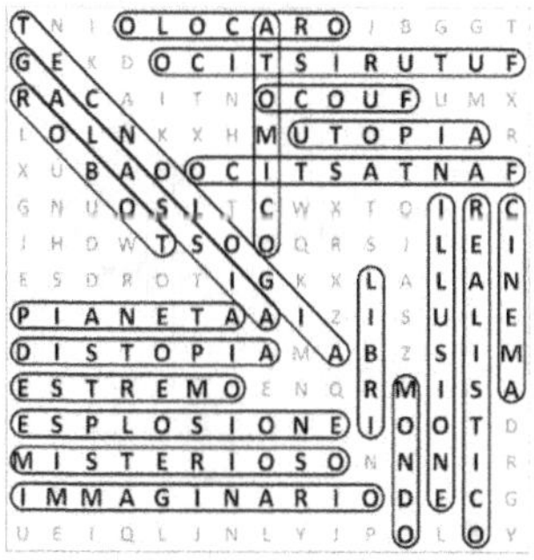

10 - Mitologia

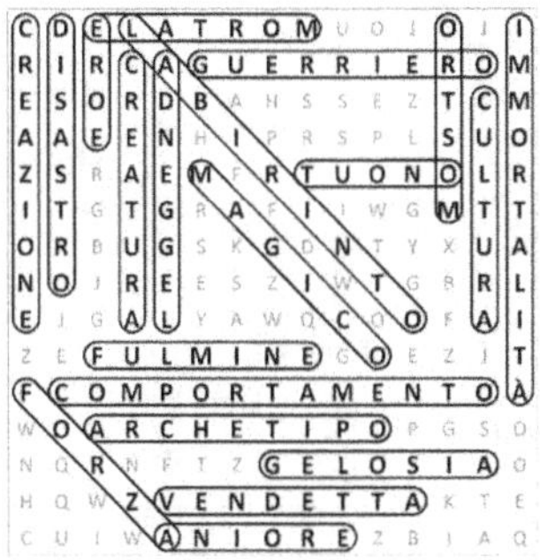

11 - Medições

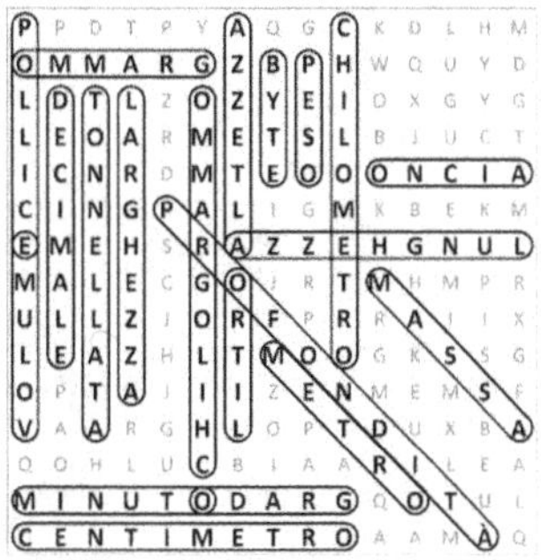

12 - Álgebra

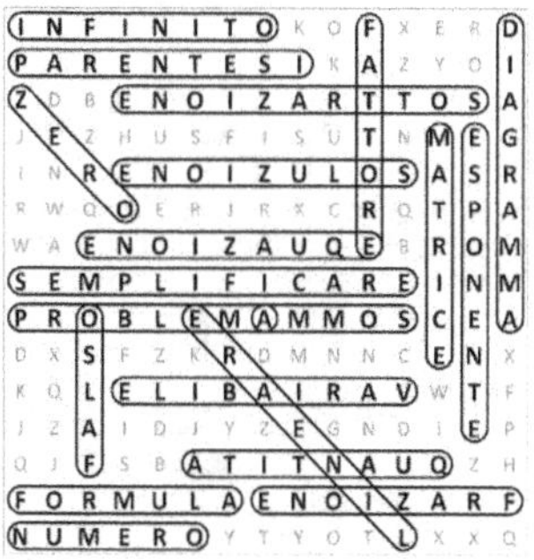

13 - Plantas

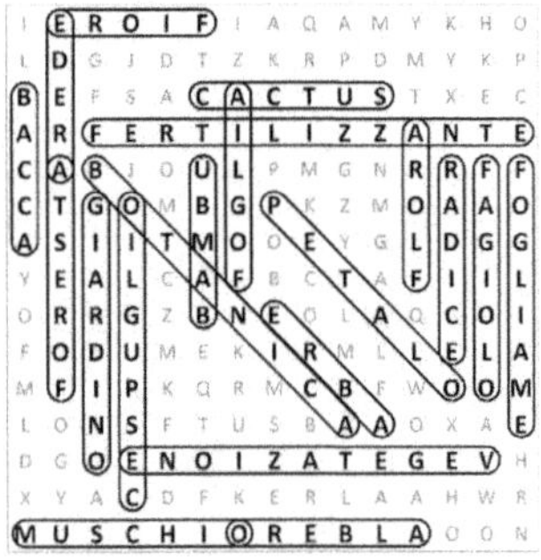

14 - Veículos

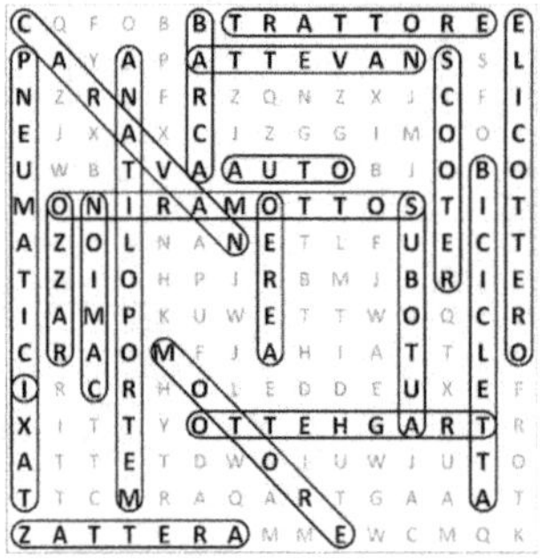

15 - Engenharia

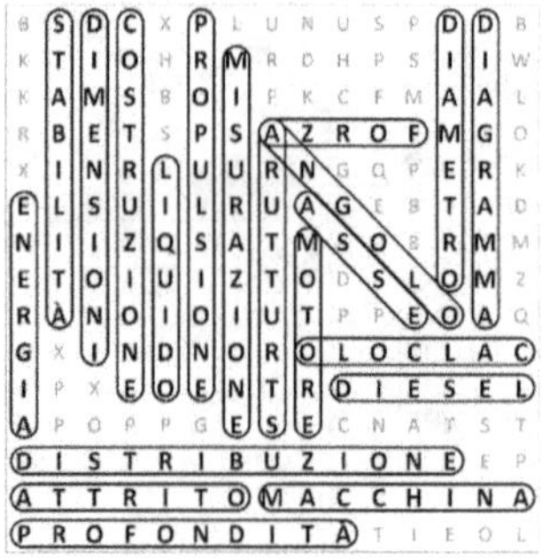

16 - Restaurante # 2

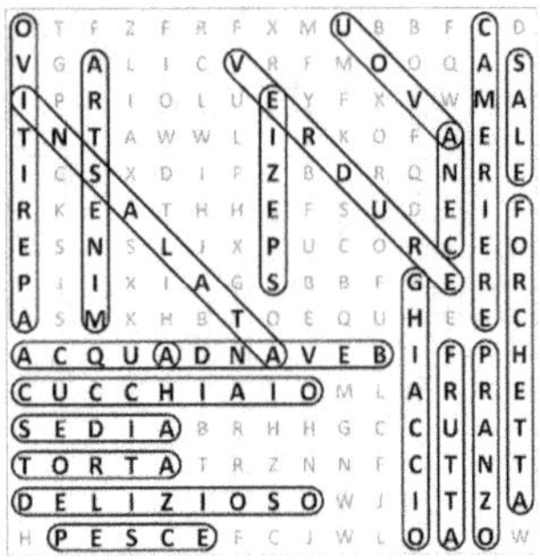

17 - Países #2

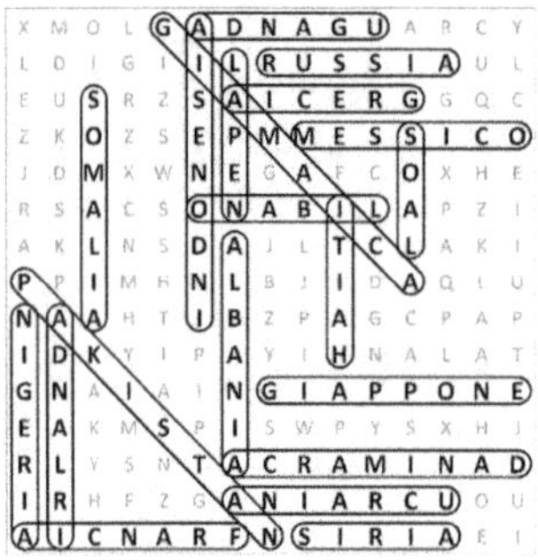

18 - Cozinha

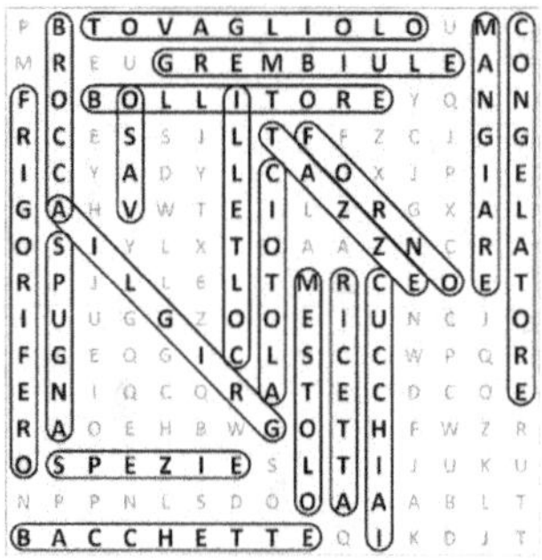

19 - Material de Arte

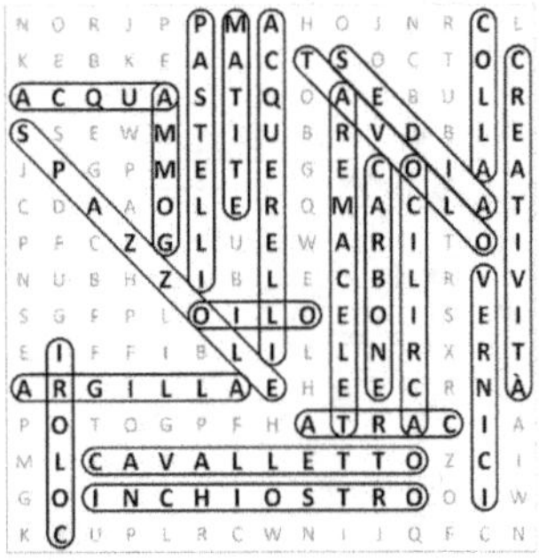

20 - Números

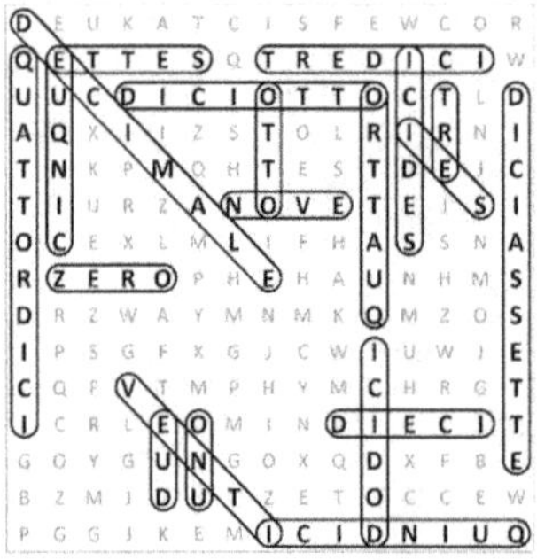

21 - Física

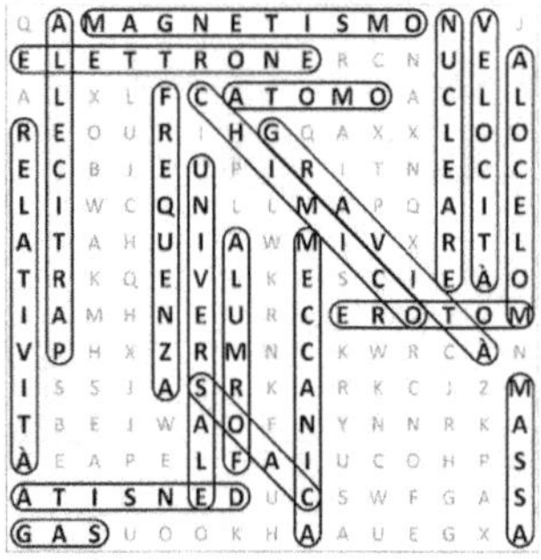

22 - Especiarias

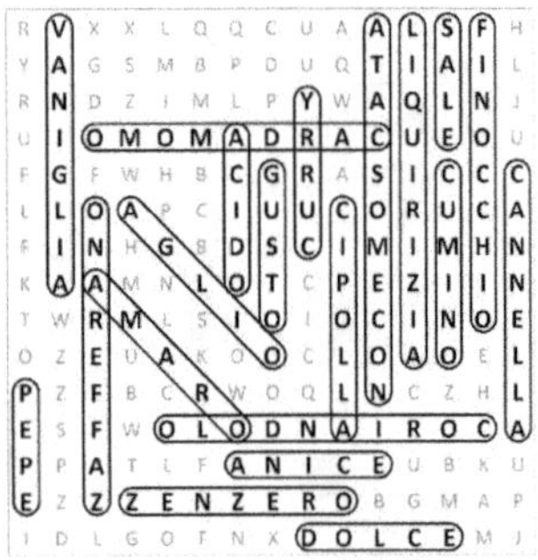

23 - Países #1

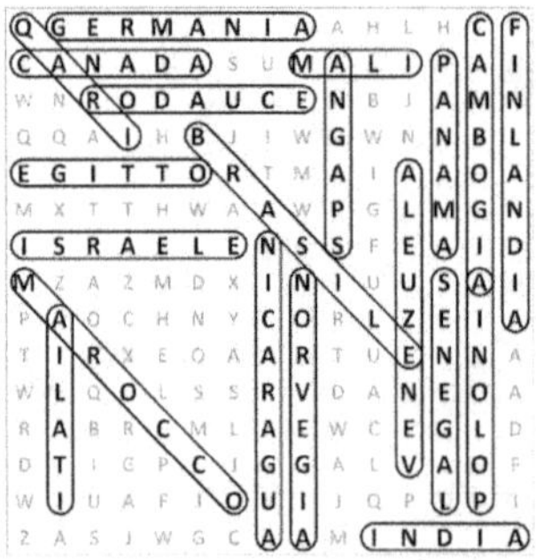

24 - A Mídia

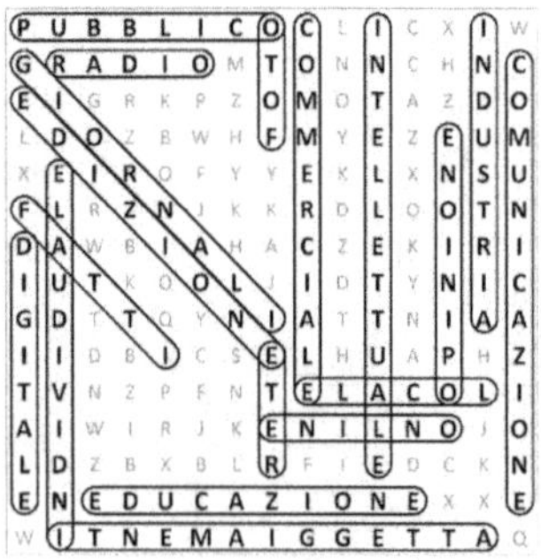

25 - Casa

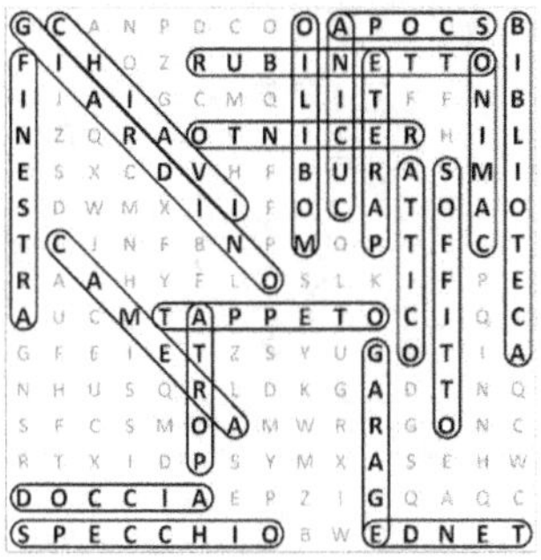

26 - Vegetais

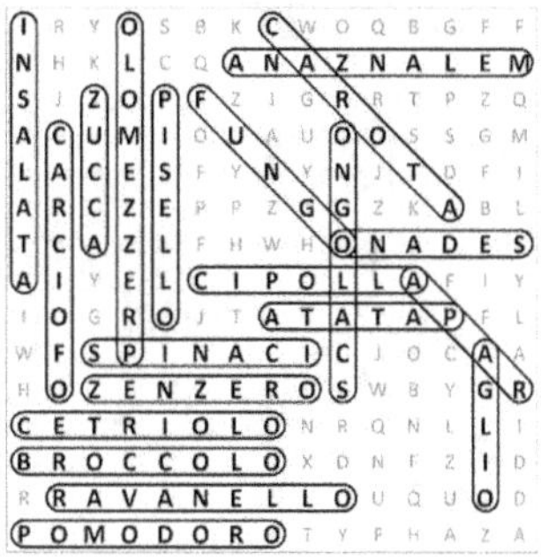

27 - Balé

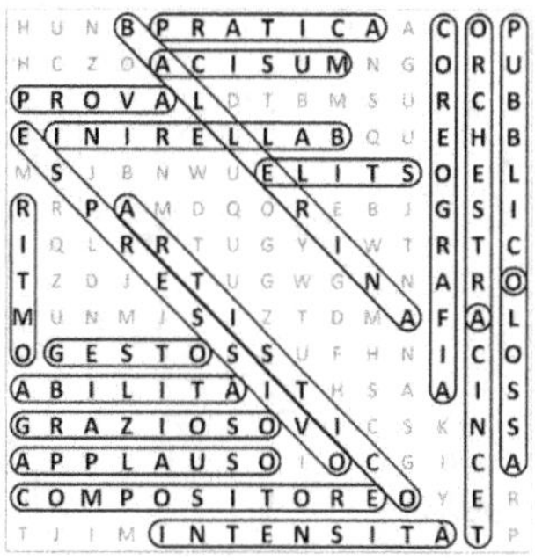

28 - Adjetivos #1

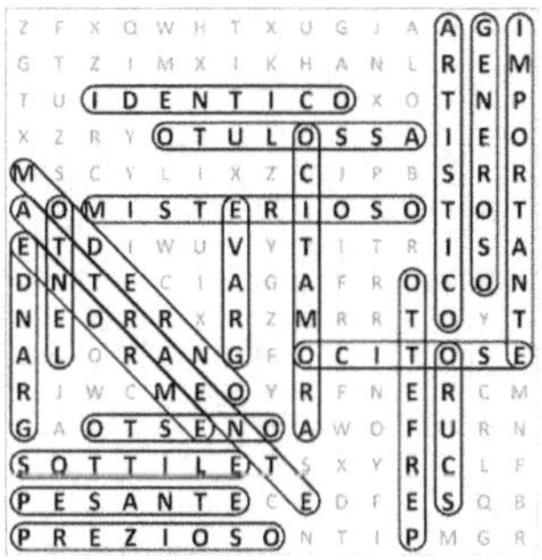

29 - Psicologia

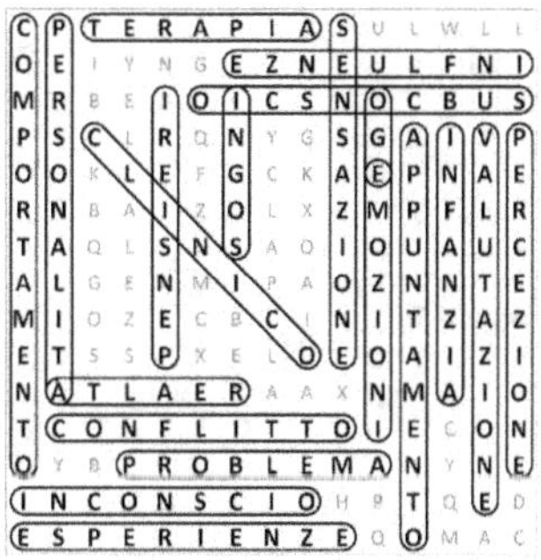

30 - Paisagens

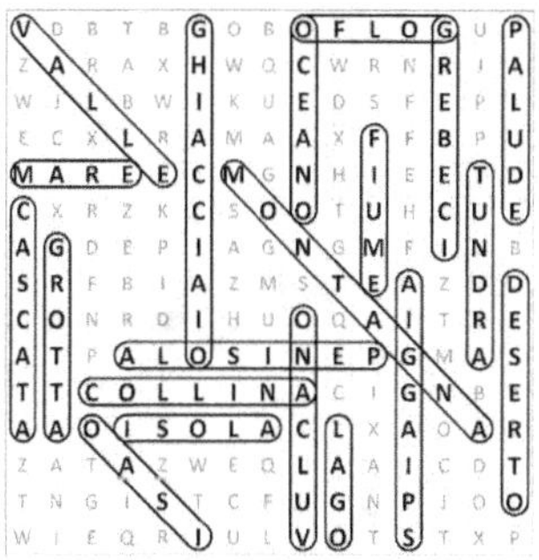

31 - Dança

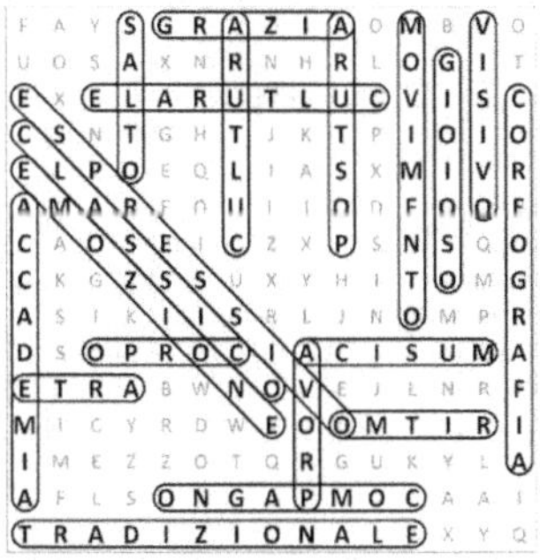

32 - Nutrição

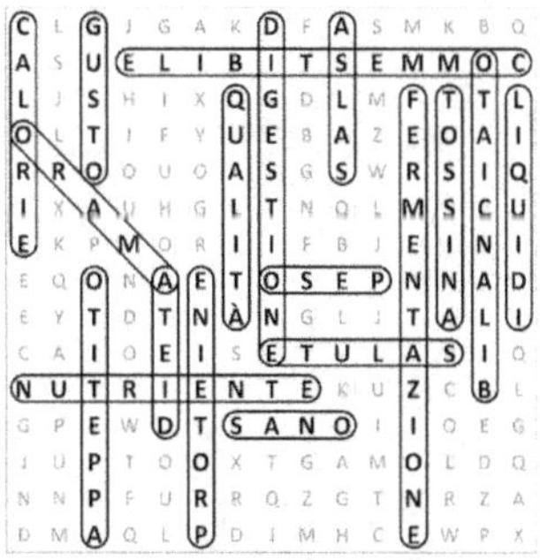

33 - Energia

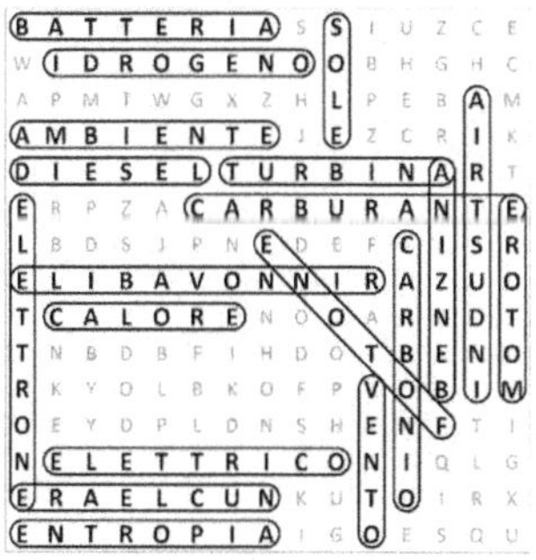

34 - Disciplinas Científicas

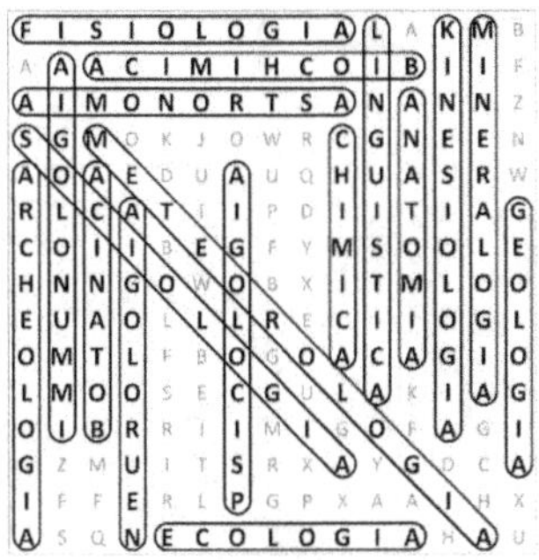

35 - Meditação

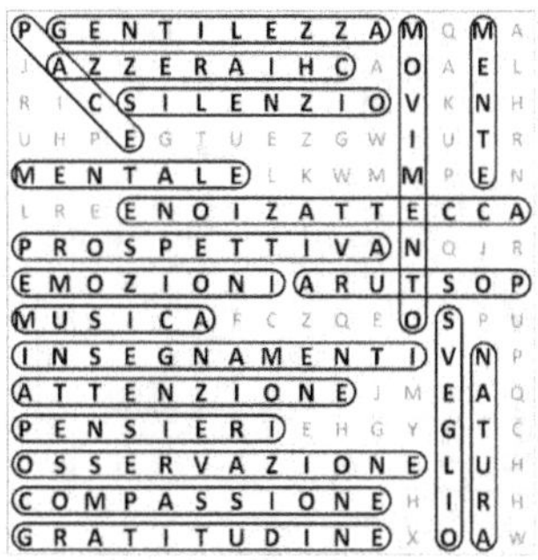

36 - Artes Visuais

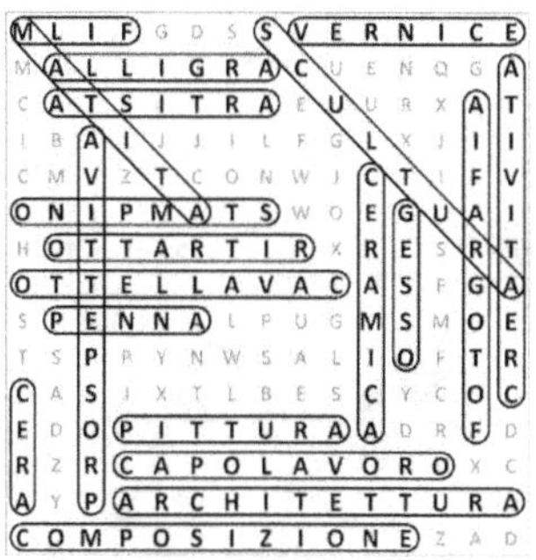

37 - Instrumentos Musicais

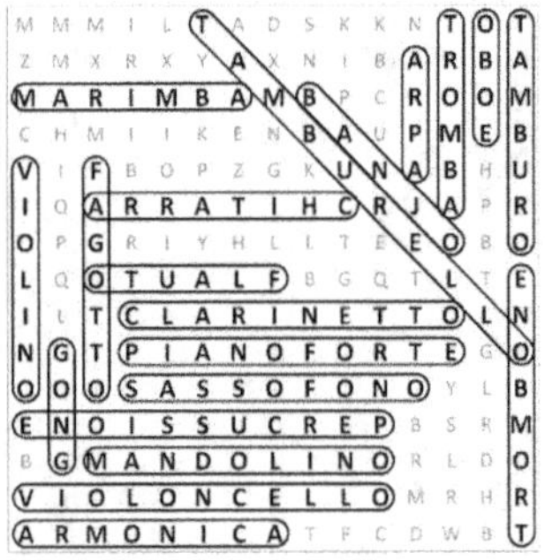

38 - Adjetivos #2

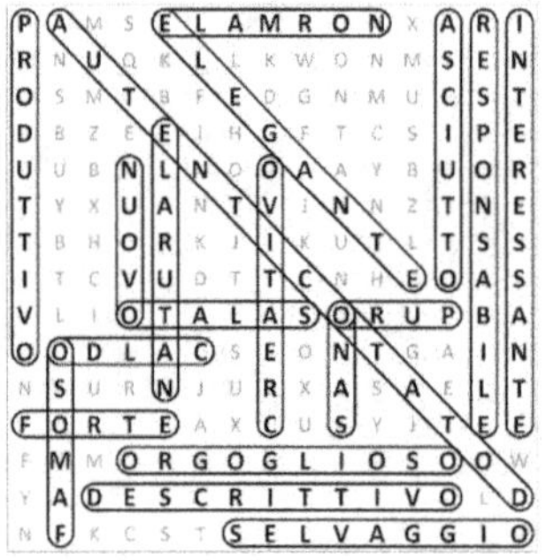

39 - Roupas

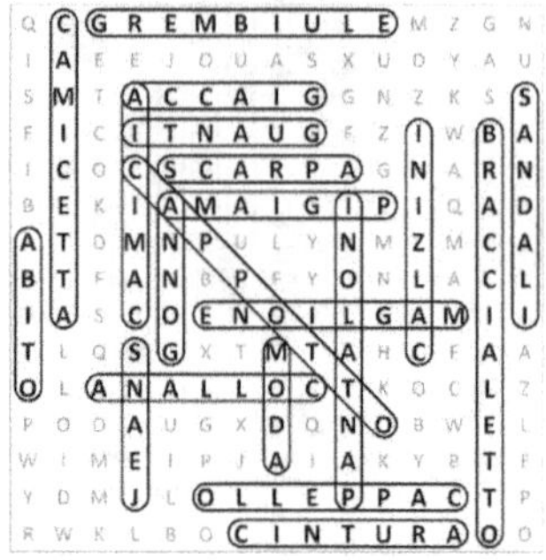

40 - Herbalismo

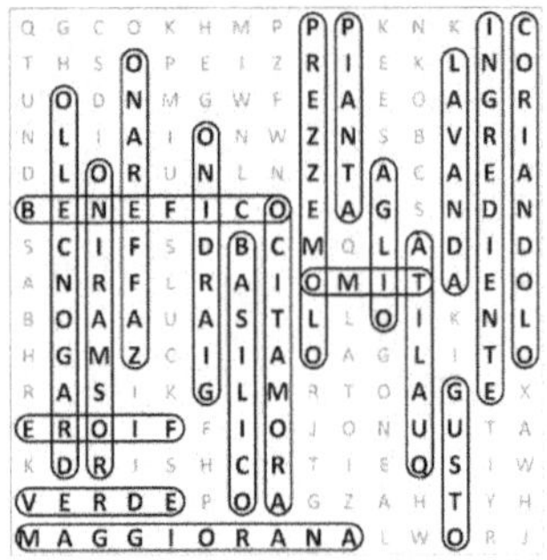

41 - Arqueologia

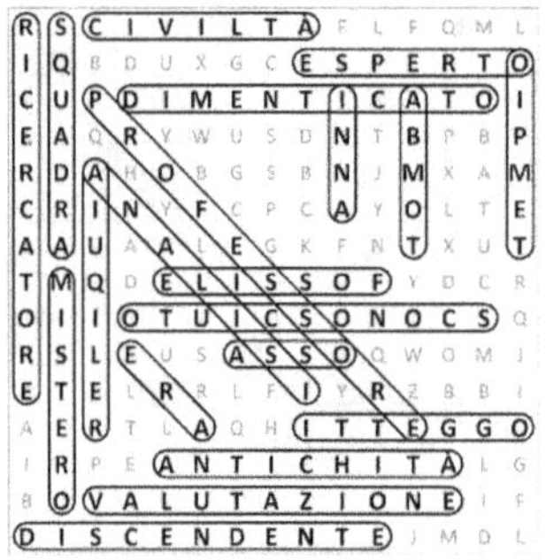

42 - Esporte

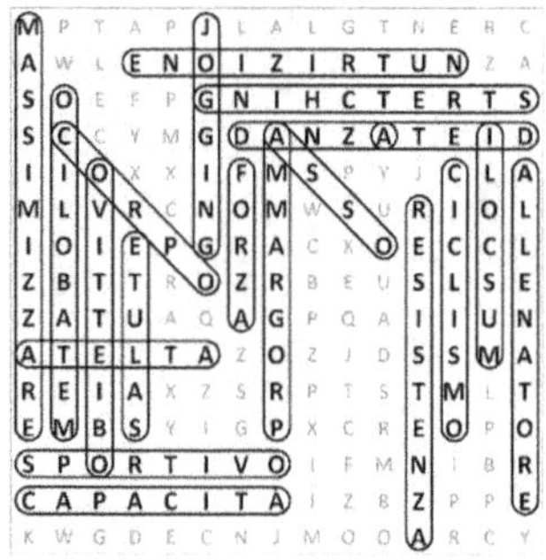

43 - Agronomia

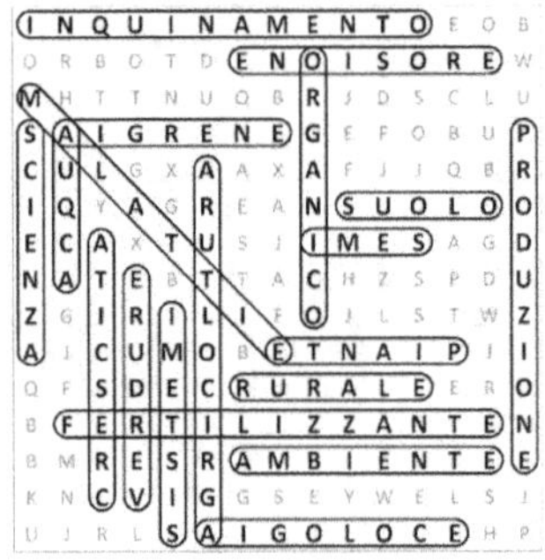

44 - Frutas

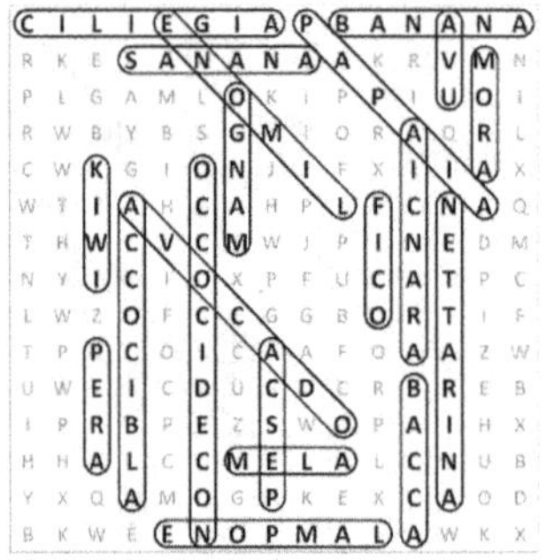

45 - Corpo Humano

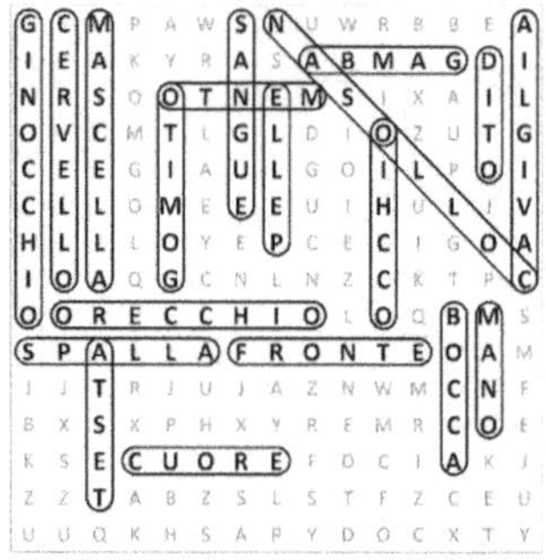

46 - Caminhada

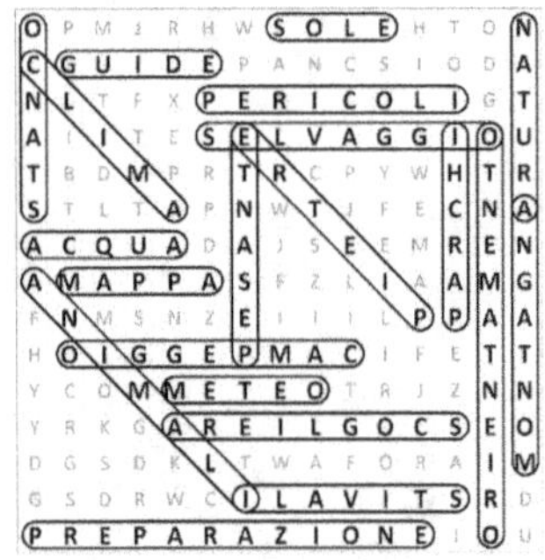

47 - Biologia

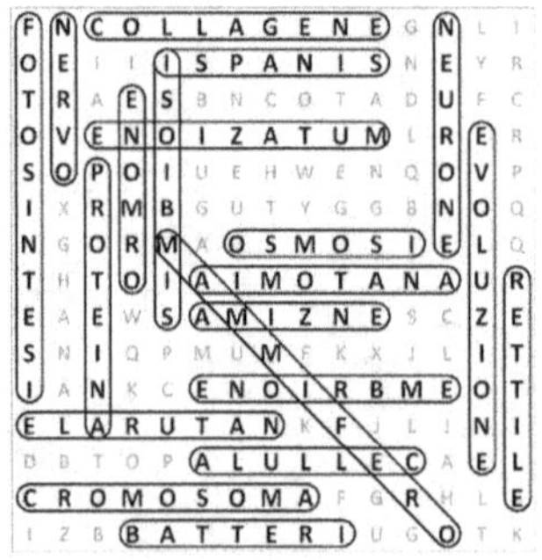

48 - Beleza

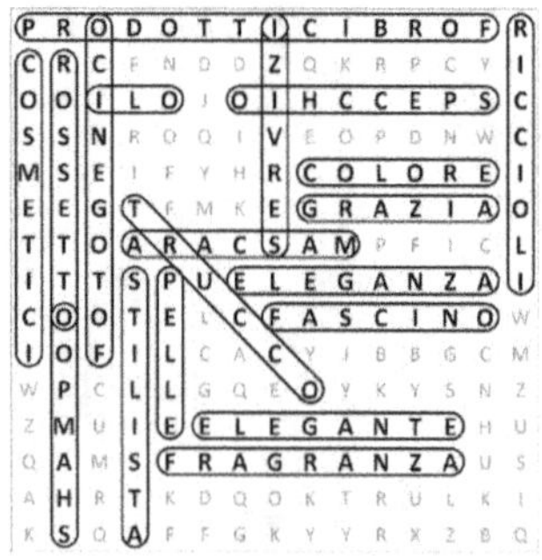

49 - Filantropia

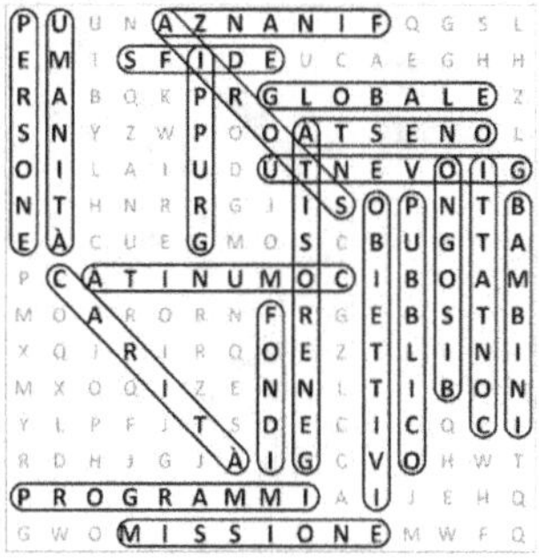

50 - Ecologia

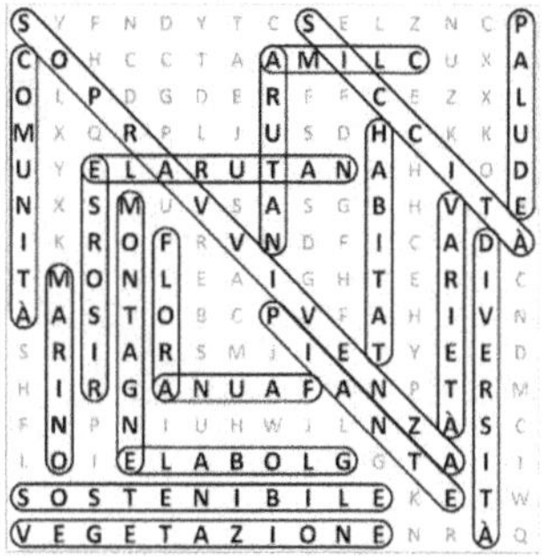

51 - Família

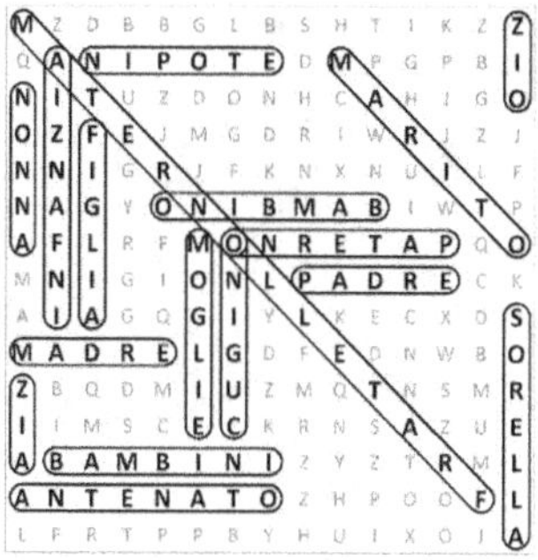

52 - Férias #2

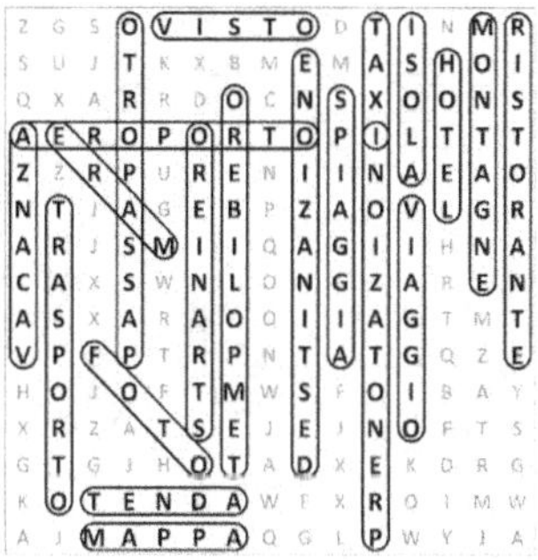

53 - Edifícios

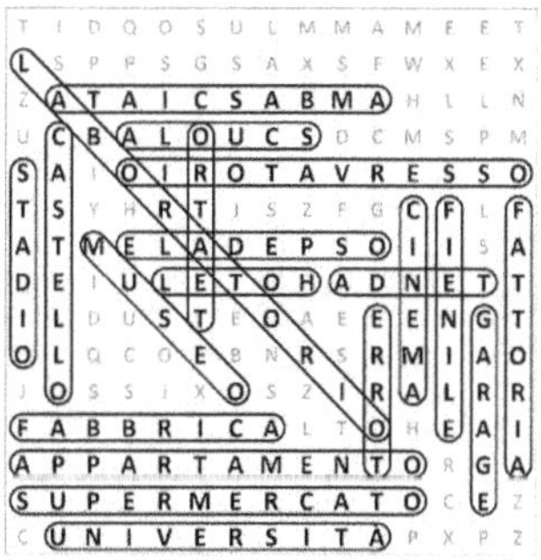

54 - Xadrez

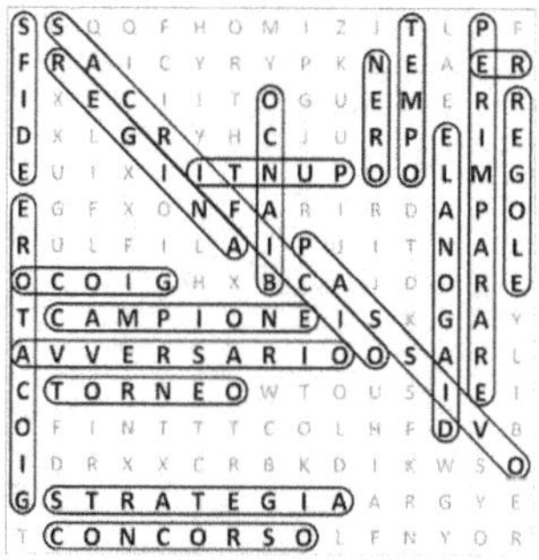

55 - Aventura

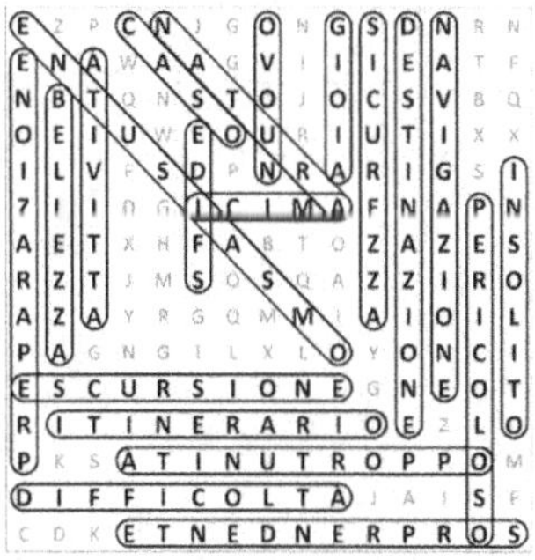

56 - Floresta Tropical

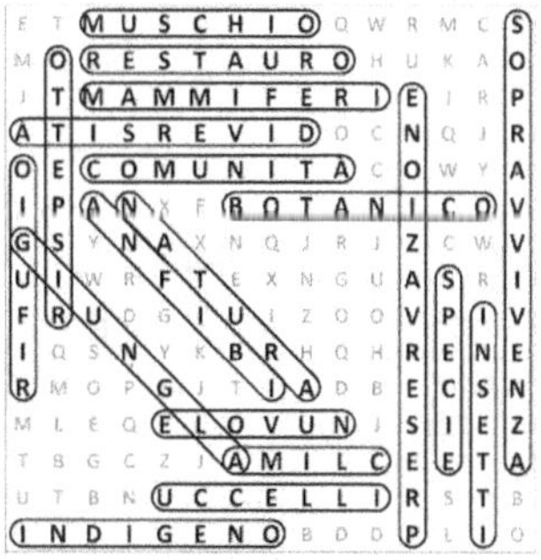

57 - Cidade

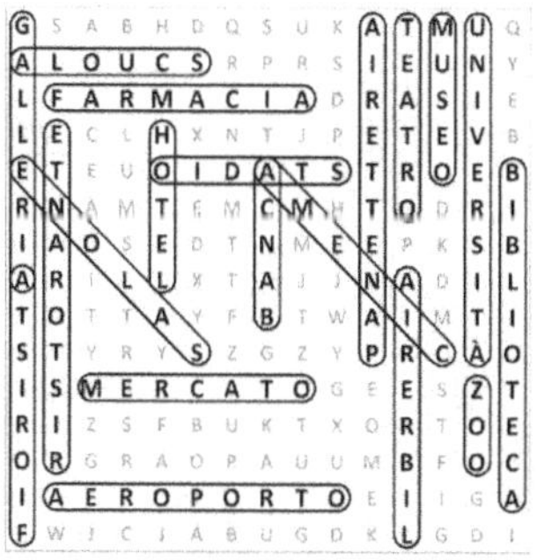

58 - Música

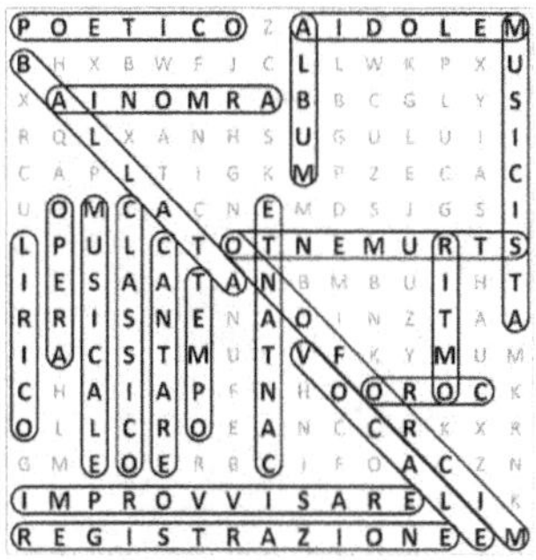

59 - Matemática

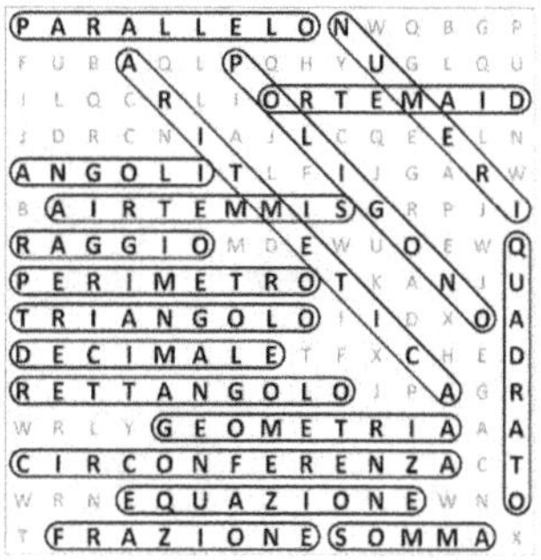

60 - Saúde e Bem Estar #1

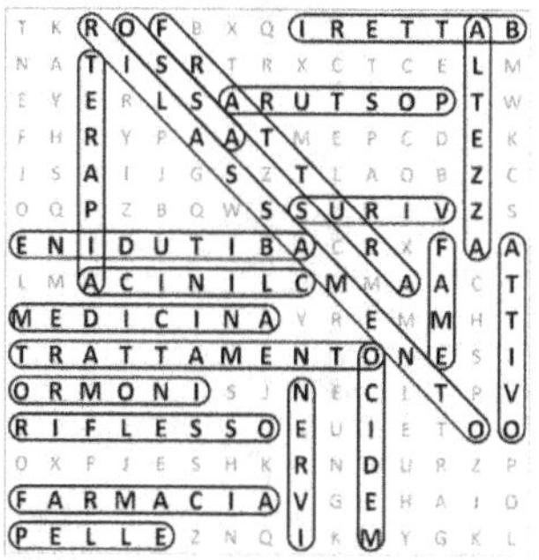

61 - Natureza

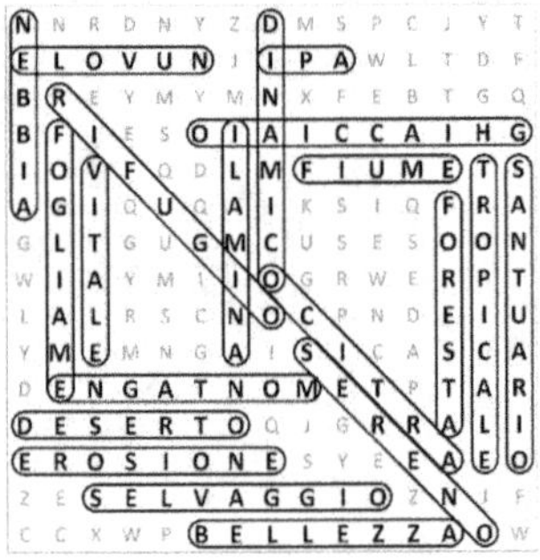

62 - Doença

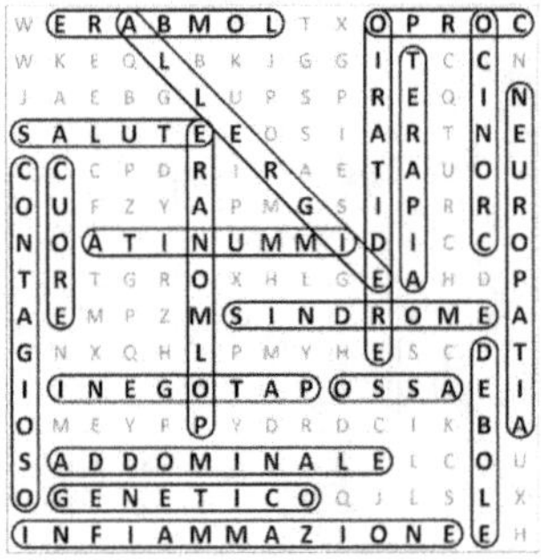

63 - Aquecimento Global

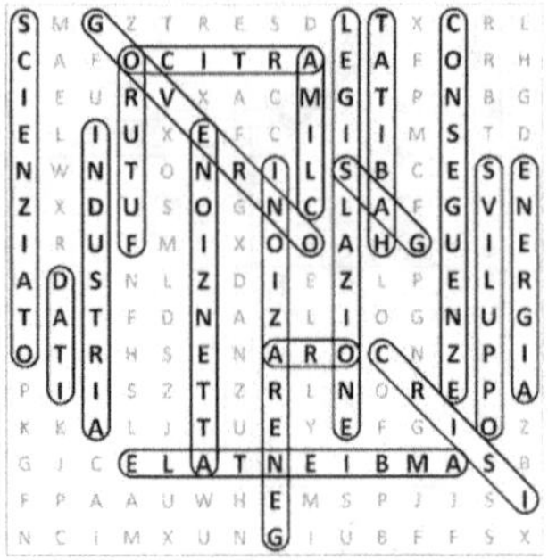

64 - Aviões

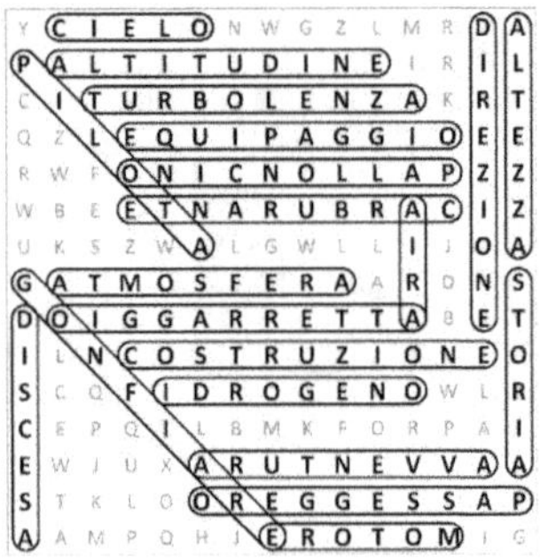

65 - Tipos de Cabelo

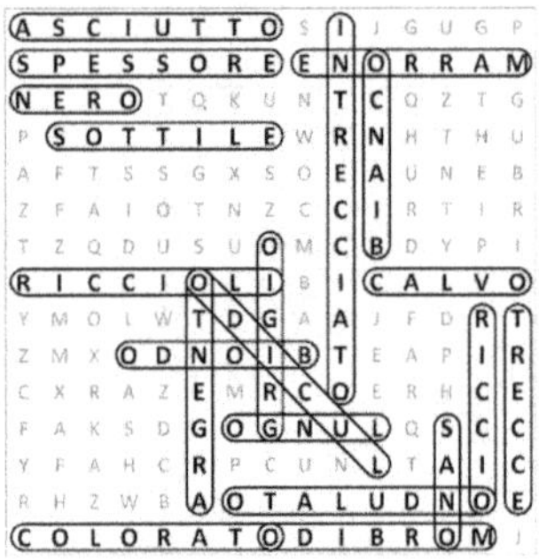

66 - Criatividade

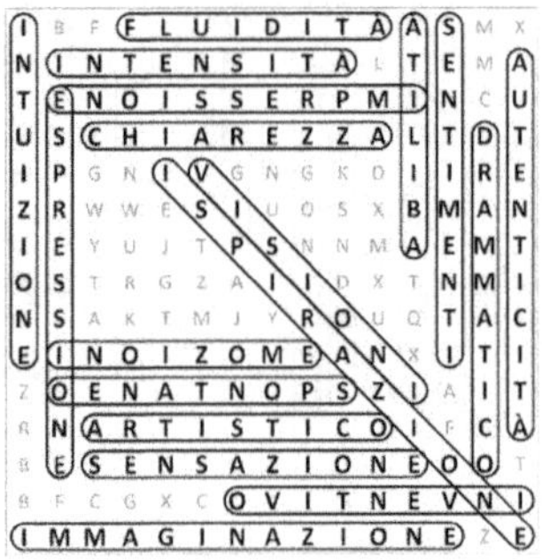

67 - Dias e Meses

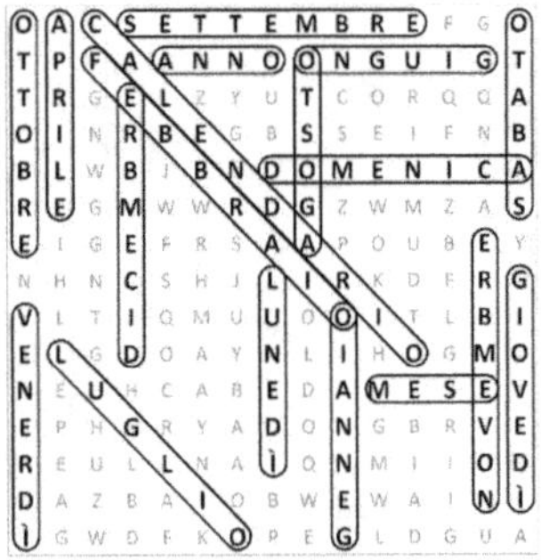

68 - Saúde e Bem Estar #2

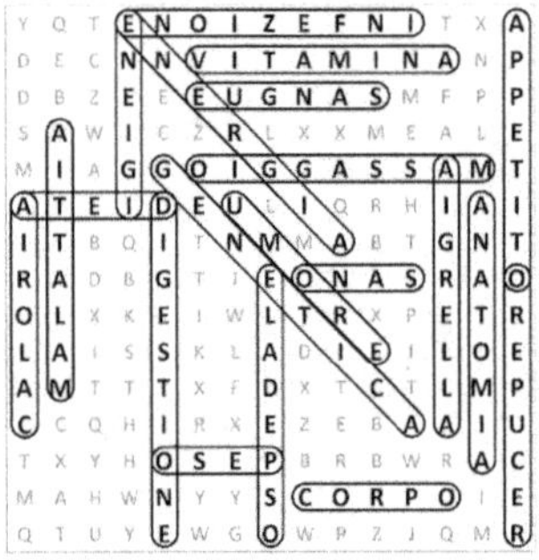

69 - Geografia

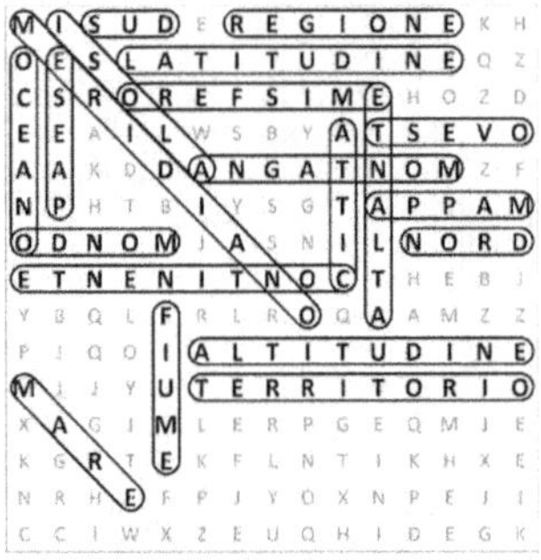

70 - Antártica

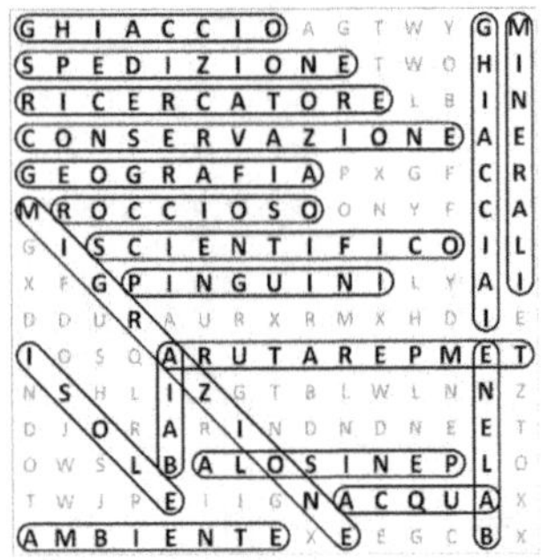

71 - Flores

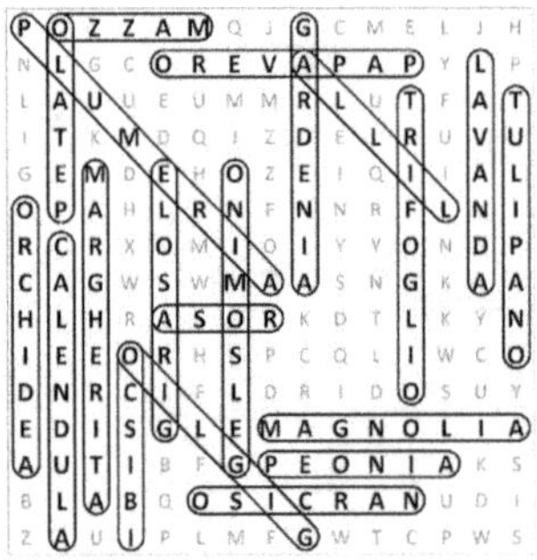

72 - Fazenda #1

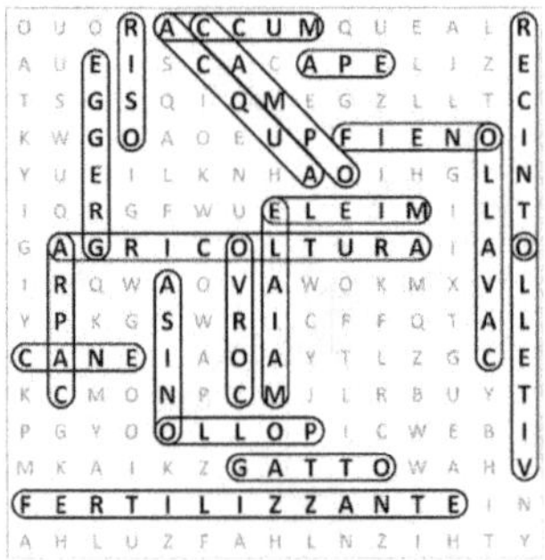

73 - Livros

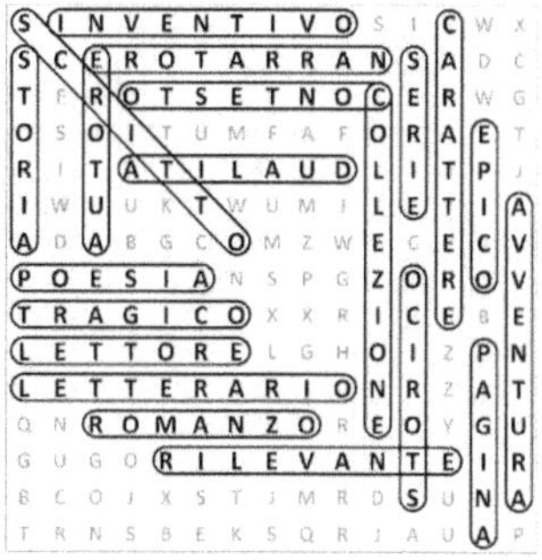

74 - Chocolate

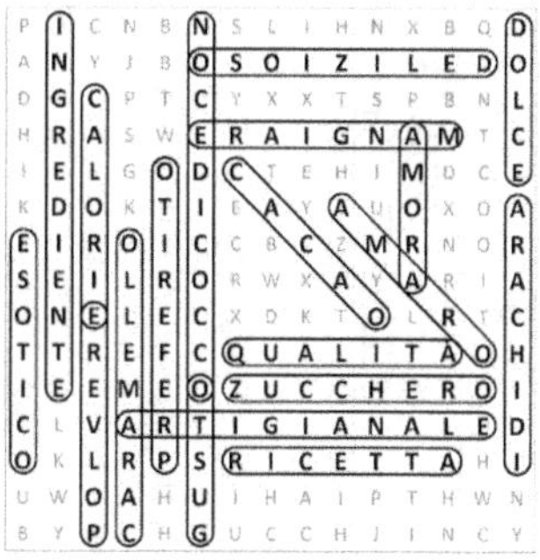

75 - Governo

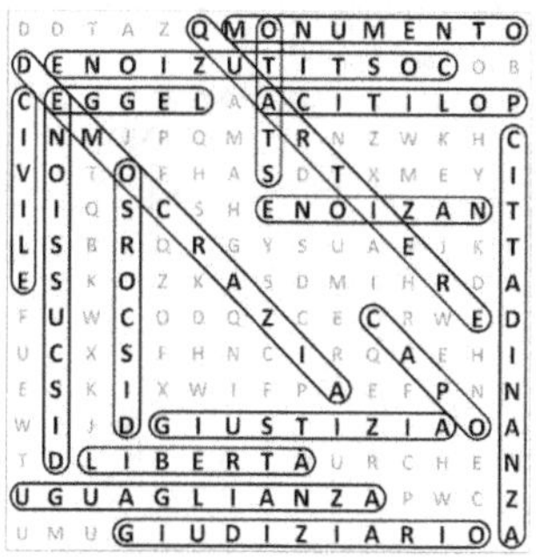

76 - Jardinagem

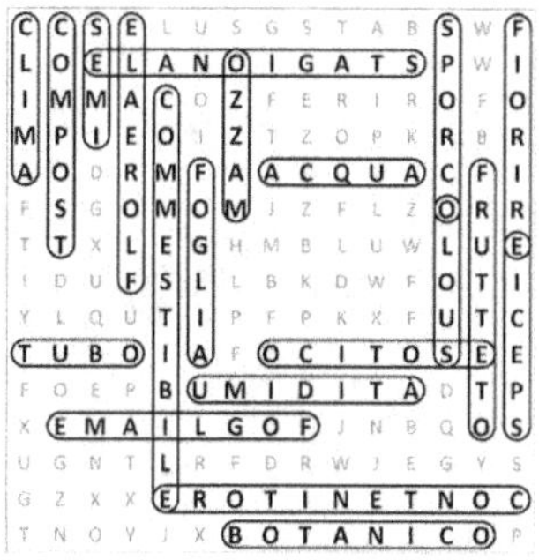

77 - Profissões #2

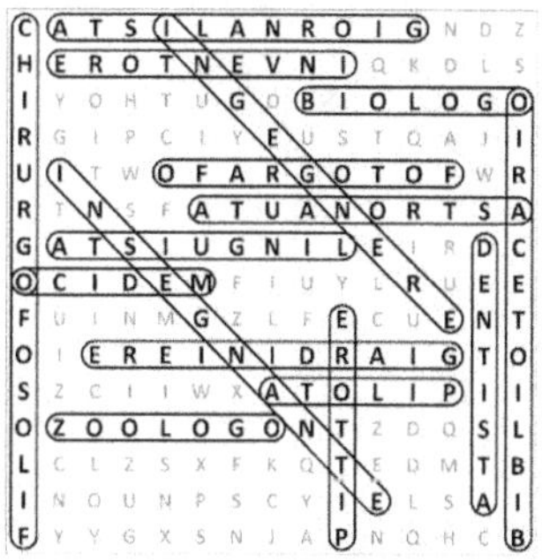

78 - Café

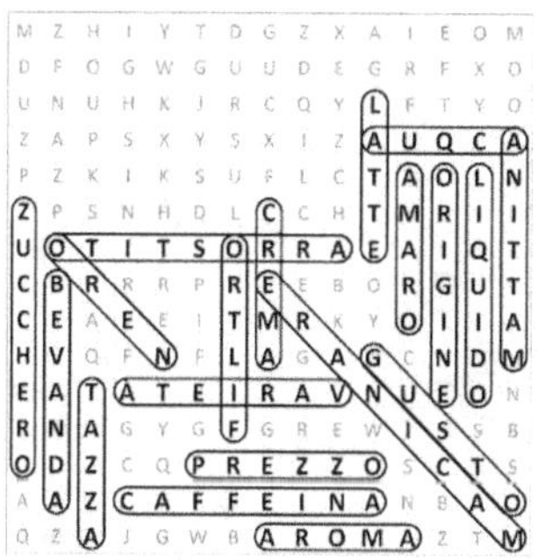

79 - Negócios

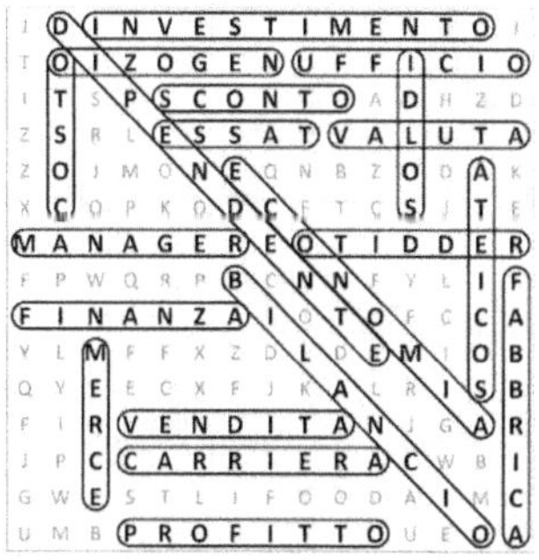

80 - Fazenda #2

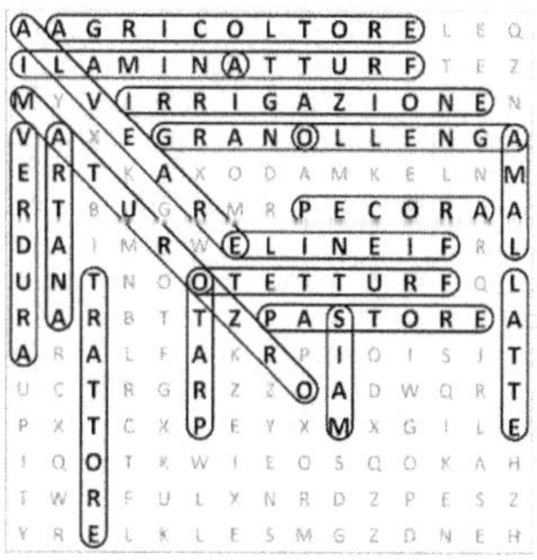

81 - Jardim

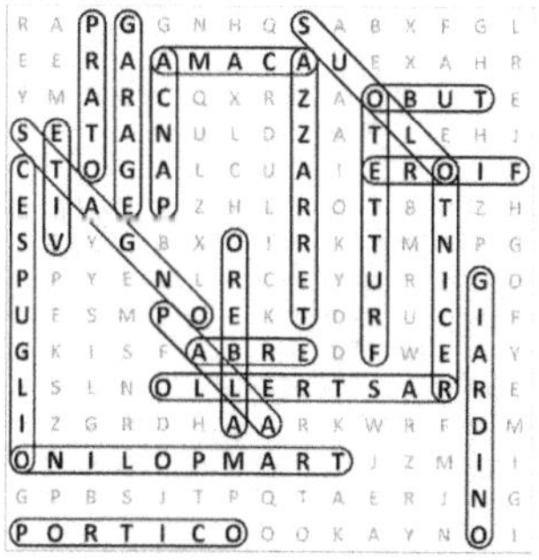

82 - Oceano

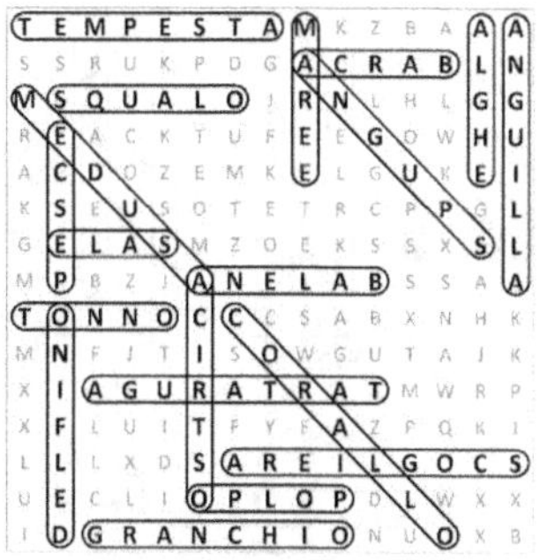

83 - Profissões #1

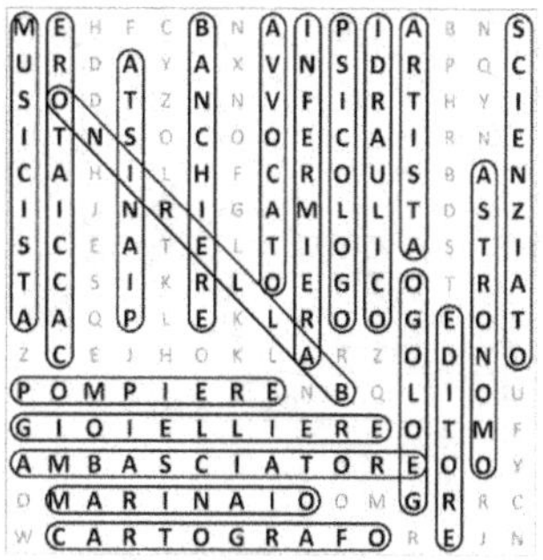

84 - Força e Gravidade

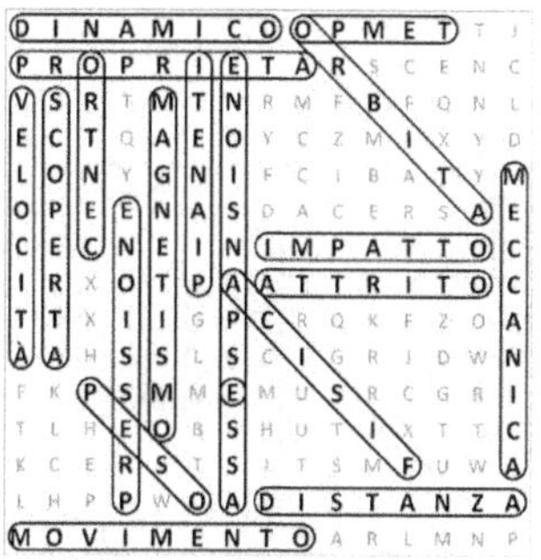

85 - Abelhas

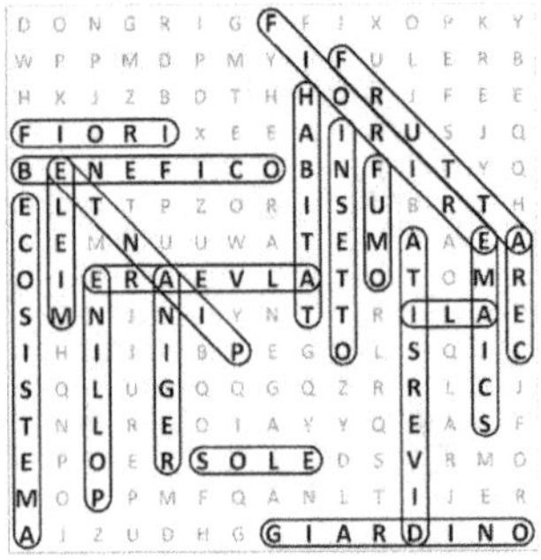

86 - Ciência

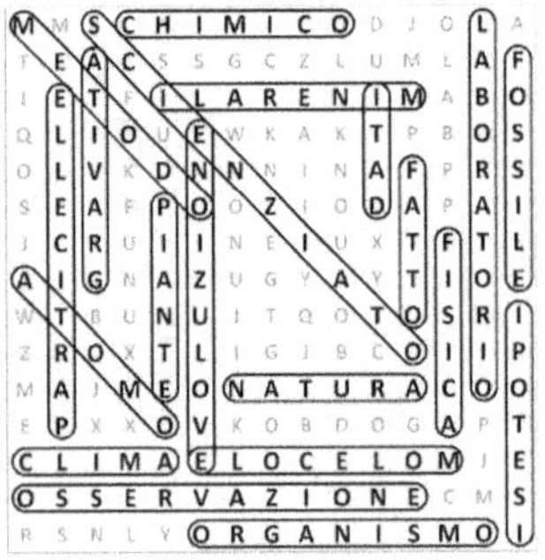

87 - Comida #1

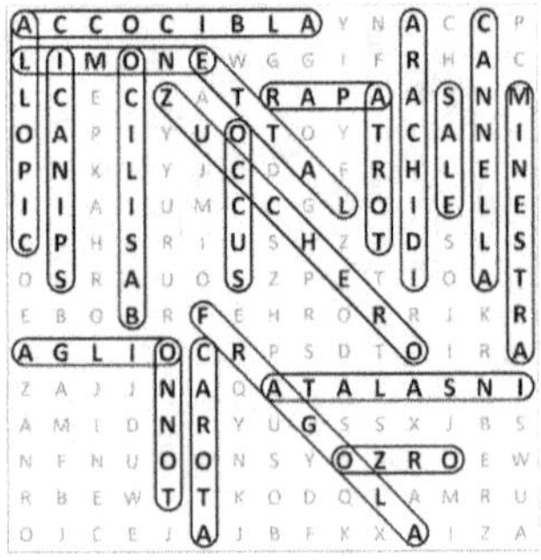

88 - Geometria

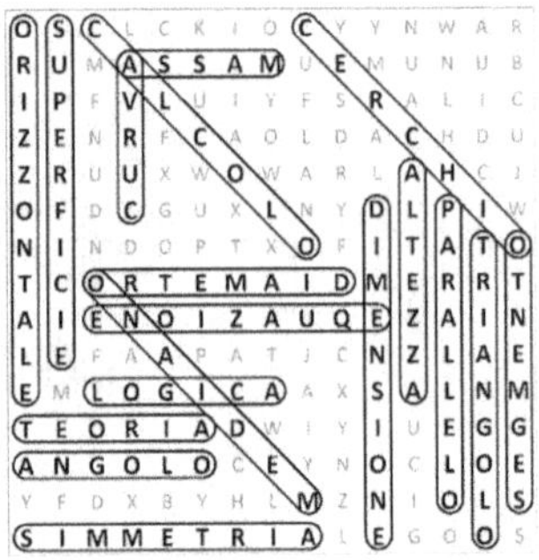

89 - Pássaros

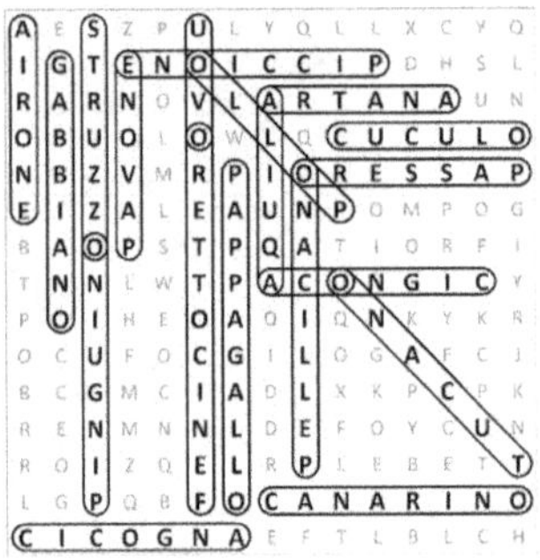

90 - Literatura

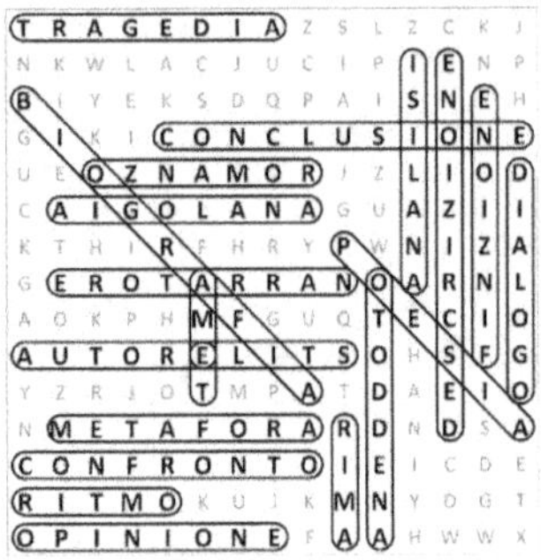

91 - Química

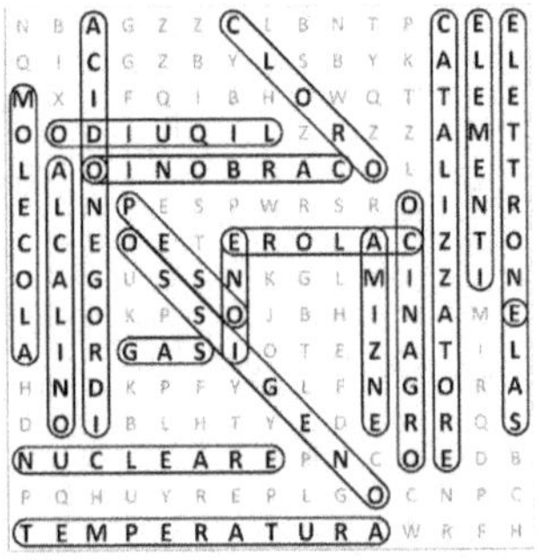

92 - Clima

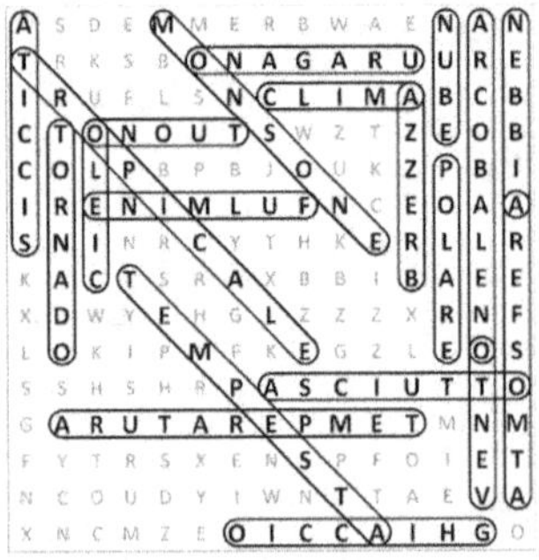

93 - Arte

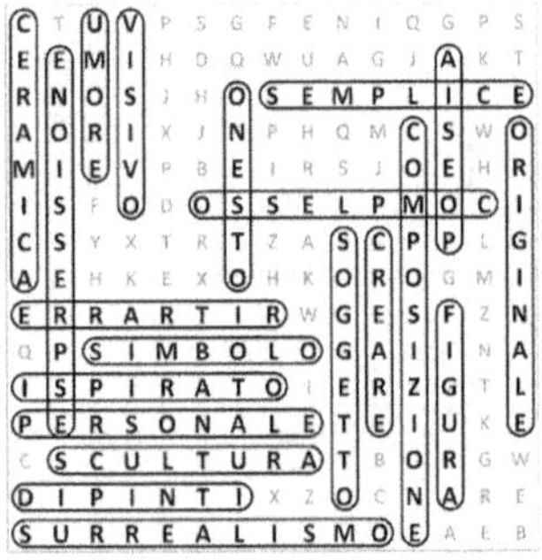

94 - Diplomacia

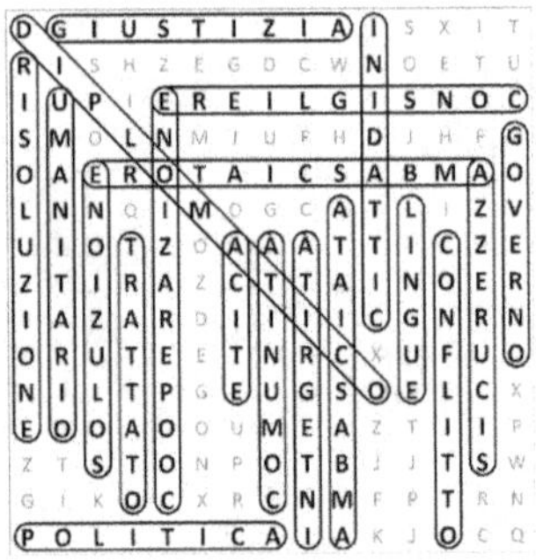

95 - Comida # 2

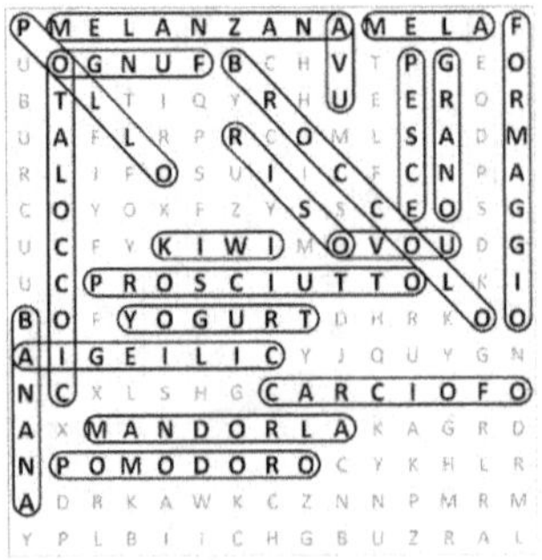

96 - Universo

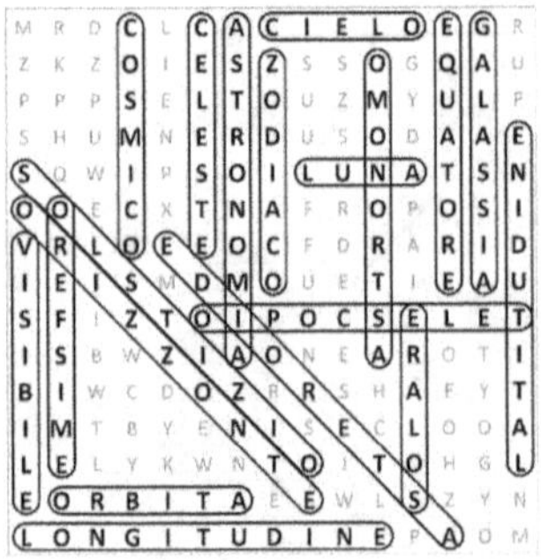

97 - Jazz

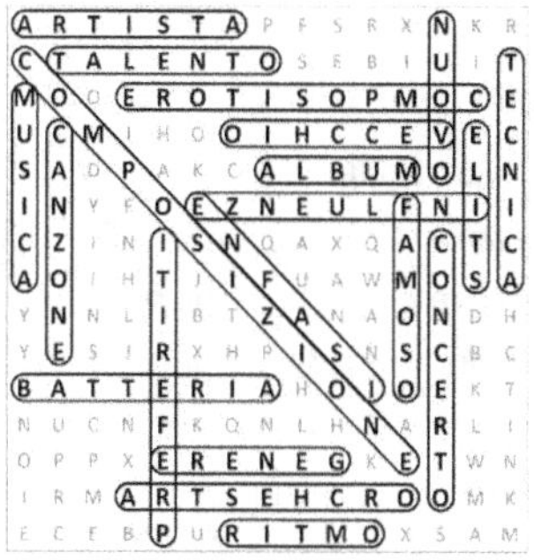

98 - Barcos

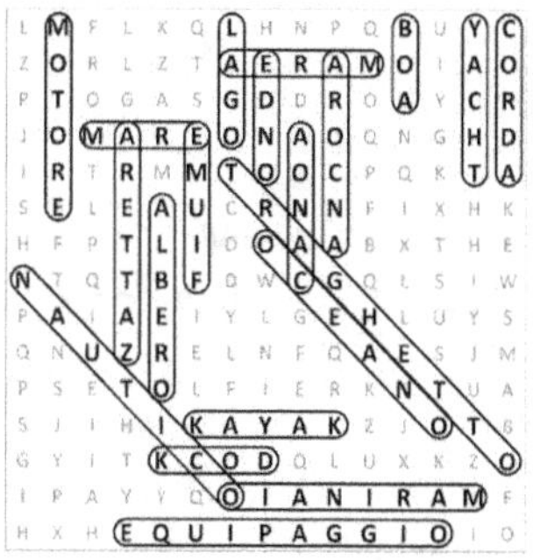

99 - Mamíferos

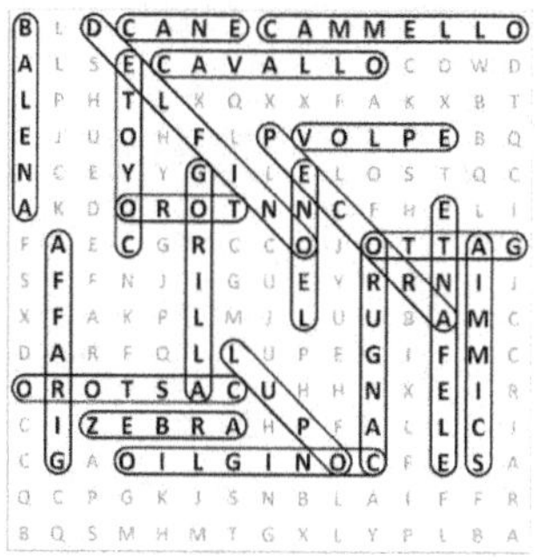

100 - Atividades e Lazer

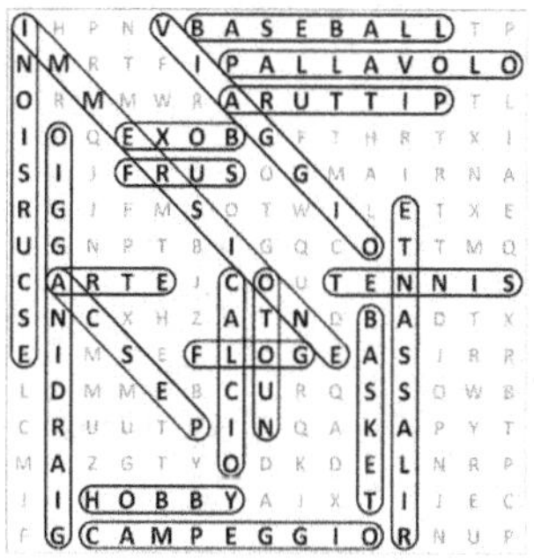

Dicionário

A Mídia
I Media

Atitudes	Atteggiamenti
Comercial	Commerciale
Comunicação	Comunicazione
Digital	Digitale
Edição	Edizione
Educação	Educazione
Fatos	Fatti
Financiamento	Finanziamento
Fotos	Foto
Individual	Individuale
Indústria	Industria
Intelectual	Intellettuale
Jornais	Giornali
Local	Locale
Online	Online
Opinião	Opinione
Público	Pubblico
Rádio	Radio
Rede	Rete
Televisão	Televisione

Abelhas
Api

Asas	Ali
Benéfico	Benefico
Cera	Cera
Colmeia	Alveare
Diversidade	Diversità
Ecossistema	Ecosistema
Enxame	Sciame
Flor	Fiorire
Flores	Fiori
Fruta	Frutta
Fumaça	Fumo
Habitat	Habitat
Inseto	Insetto
Jardim	Giardino
Mel	Miele
Plantas	Piante
Pólen	Polline
Rainha	Regina
Sol	Sole

Acampamento
Campeggio

Animais	Animali
Aventura	Avventura
Árvores	Alberi
Bússola	Bussola
Cabine	Cabina
Caça	Caccia
Canoa	Canoa
Chapéu	Cappello
Corda	Corda
Equipamento	Attrezzatura
Floresta	Foresta
Fogo	Fuoco
Inseto	Insetto
Lago	Lago
Lua	Luna
Maca	Amaca
Mapa	Mappa
Montanha	Montagna
Natureza	Natura
Tenda	Tenda

Adjetivos #1
Aggettivi #1

Absoluto	Assoluto
Aromático	Aromatico
Artístico	Artistico
Atraente	Attraente
Enorme	Enorme
Escuro	Scuro
Exótico	Esotico
Fino	Sottile
Generoso	Generoso
Grande	Grande
Honesto	Onesto
Idêntico	Identico
Importante	Importante
Lento	Lento
Misterioso	Misterioso
Moderno	Moderno
Perfeito	Perfetto
Pesado	Pesante
Sério	Grave
Valioso	Prezioso

Adjetivos #2
Aggettivi #2

Autêntico	Autentico
Criativo	Creativo
Descritivo	Descrittivo
Dotado	Dotato
Elegante	Elegante
Famoso	Famoso
Forte	Forte
Interessante	Interessante
Natural	Naturale
Normal	Normale
Novo	Nuovo
Orgulhoso	Orgoglioso
Produtivo	Produttivo
Puro	Puro
Quente	Caldo
Responsável	Responsabile
Salgado	Salato
Saudável	Sano
Seco	Asciutto
Selvagem	Selvaggio

Agronomia
Agronomia

Agricultura	Agricoltura
Ambiente	Ambiente
Água	Acqua
Ciência	Scienza
Crescimento	Crescita
Doenças	Malattie
Ecologia	Ecologia
Energia	Energia
Erosão	Erosione
Fertilizante	Fertilizzante
Legumes	Verdure
Orgânico	Organico
Plantas	Piante
Poluição	Inquinamento
Produção	Produzione
Rural	Rurale
Sementes	Semi
Sistemas	Sistemi
Solo	Suolo
Sustentável	Sostenibile

Antártica
Antartide

Ambiente	Ambiente
Água	Acqua
Baía	Baia
Baleias	Balene
Científico	Scientifico
Conservação	Conservazione
Continente	Continente
Expedição	Spedizione
Geleiras	Ghiacciai
Gelo	Ghiaccio
Geografia	Geografia
Ilhas	Isole
Investigador	Ricercatore
Migração	Migrazione
Minerais	Minerali
Península	Penisola
Pinguins	Pinguini
Rochoso	Roccioso
Temperatura	Temperatura
Topografia	Topografia

Antiguidades
Antiquariato

Arte	Arte
Autêntico	Autentico
Decorativo	Decorativo
Elegante	Elegante
Entusiasta	Appassionato
Escultura	Scultura
Estilo	Stile
Galeria	Galleria
Incomum	Insolito
Investimento	Investimento
Item	Articolo
Leilão	Asta
Mobiliário	Mobilio
Moedas	Monete
Preço	Prezzo
Qualidade	Qualità
Restauração	Restauro
Século	Secolo
Valor	Valore
Velho	Vecchio

Aquecimento Global
Riscaldamento Globale

Agora	Ora
Ambiental	Ambientale
Atenção	Attenzione
Ártico	Artico
Cientista	Scienziato
Clima	Clima
Consequências	Conseguenze
Crise	Crisi
Dados	Dati
Desenvolvimento	Sviluppo
Energia	Energia
Futuro	Futuro
Gás	Gas
Gerações	Generazioni
Governo	Governo
Habitats	Habitat
Indústria	Industria
Legislação	Legislazione
Populações	Popolazioni
Temperaturas	Temperature

Arqueologia
Archeologia

Análise	Analisi
Anos	Anni
Antiguidade	Antichità
Avaliação	Valutazione
Civilização	Civiltà
Descendente	Discendente
Desconhecido	Sconosciuto
Equipe	Squadra
Era	Era
Especialista	Esperto
Esquecido	Dimenticato
Fóssil	Fossile
Investigador	Ricercatore
Mistério	Mistero
Objetos	Oggetti
Ossos	Ossa
Professor	Professore
Relíquia	Reliquia
Templo	Tempio
Túmulo	Tomba

Arte
Arte

Cerâmica	Ceramica
Complexo	Complesso
Composição	Composizione
Criar	Creare
Escultura	Scultura
Expressão	Espressione
Figura	Figura
Honesto	Onesto
Humor	Umore
Inspirado	Ispirato
Original	Originale
Pessoal	Personale
Pinturas	Dipinti
Poesia	Poesia
Retratar	Ritrarre
Simples	Semplice
Símbolo	Simbolo
Sujeito	Soggetto
Surrealismo	Surrealismo
Visual	Visivo

Artes Visuais
Arti Visive

Argila	Argilla
Arquitetura	Architettura
Artista	Artista
Caneta	Penna
Cavalete	Cavalletto
Cera	Cera
Cerâmica	Ceramica
Composição	Composizione
Criatividade	Creatività
Escultura	Scultura
Estêncil	Stampino
Filme	Film
Fotografia	Fotografia
Giz	Gesso
Lápis	Matita
Obra-Prima	Capolavoro
Perspectiva	Prospettiva
Pintura	Pittura
Retrato	Ritratto
Verniz	Vernice

Astronomia
Astronomia

Asteróide	Asteroide
Astronauta	Astronauta
Astrônomo	Astronomo
Céu	Cielo
Constelação	Costellazione
Cosmos	Cosmo
Eclipse	Eclissi
Equinócio	Equinozio
Foguete	Razzo
Gravidade	Gravità
Lua	Luna
Meteoro	Meteora
Nebulosa	Nebulosa
Observatório	Osservatorio
Planeta	Pianeta
Radiação	Radiazione
Solar	Solare
Supernova	Supernova
Terra	Terra
Universo	Universo

Atividades e Lazer
Attività e Tempo Libero

Acampamento	Campeggio
Arte	Arte
Basquete	Basket
Beisebol	Baseball
Boxe	Boxe
Caminhada	Escursioni
Futebol	Calcio
Golfe	Golf
Hobbies	Hobby
Jardinagem	Giardinaggio
Mergulho	Immersione
Natação	Nuoto
Pesca	Pesca
Pintura	Pittura
Relaxante	Rilassante
Surfe	Surf
Tênis	Tennis
Viagem	Viaggio
Voleibol	Pallavolo

Aventura
Avventura

Alegria	Gioia
Amigos	Amici
Atividade	Attività
Beleza	Bellezza
Chance	Caso
Desafios	Sfide
Destino	Destinazione
Dificuldade	Difficoltà
Entusiasmo	Entusiasmo
Excursão	Escursione
Incomum	Insolito
Itinerário	Itinerario
Natureza	Natura
Navegação	Navigazione
Novo	Nuovo
Oportunidade	Opportunità
Perigoso	Pericoloso
Preparação	Preparazione
Segurança	Sicurezza
Surpreendente	Sorprendente

Aviões
Aeroplani

Altitude	Altitudine
Altura	Altezza
Ar	Aria
Aterrissagem	Atterraggio
Atmosfera	Atmosfera
Aventura	Avventura
Balão	Palloncino
Céu	Cielo
Combustível	Carburante
Construção	Costruzione
Descida	Discesa
Direção	Direzione
Hidrogênio	Idrogeno
História	Storia
Inflar	Gonfiare
Motor	Motore
Passageiro	Passeggero
Piloto	Pilota
Tripulação	Equipaggio
Turbulência	Turbolenza

Álgebra
Algebra

Diagrama	Diagramma
Equação	Equazione
Expoente	Esponente
Falso	Falso
Fator	Fattore
Fórmula	Formula
Fração	Frazione
Infinito	Infinito
Linear	Lineare
Matriz	Matrice
Número	Numero
Parêntese	Parentesi
Problema	Problema
Quantidade	Quantità
Simplificar	Semplificare
Solução	Soluzione
Soma	Somma
Subtração	Sottrazione
Variável	Variabile
Zero	Zero

Balé
Balletto

Aplauso	Applauso
Artístico	Artistico
Bailarina	Ballerina
Compositor	Compositore
Coreografia	Coreografia
Dançarinos	Ballerini
Ensaio	Prova
Estilo	Stile
Expressivo	Espressivo
Gesto	Gesto
Gracioso	Grazioso
Habilidade	Abilità
Intensidade	Intensità
Música	Musica
Orquestra	Orchestra
Prática	Pratica
Público	Pubblico
Ritmo	Ritmo
Solo	Assolo
Técnica	Tecnica

Barcos
Imbarcazioni

Âncora	Ancora
Balsa	Traghetto
Bóia	Boa
Caiaque	Kayak
Canoa	Canoa
Corda	Corda
Doca	Dock
Iate	Yacht
Jangada	Zattera
Lago	Lago
Mar	Mare
Maré	Marea
Marinheiro	Marinaio
Mastro	Albero
Motor	Motore
Náutico	Nautico
Oceano	Oceano
Ondas	Onde
Rio	Fiume
Tripulação	Equipaggio

Beleza
Bellezza

Batom	Rossetto
Cachos	Riccioli
Charme	Fascino
Cor	Colore
Cosméticos	Cosmetici
Elegante	Elegante
Elegância	Eleganza
Espelho	Specchio
Estilista	Stilista
Fotogênico	Fotogenico
Fragrância	Fragranza
Graça	Grazia
Maquiagem	Trucco
Óleos	Oli
Pele	Pelle
Produtos	Prodotti
Rímel	Mascara
Serviços	Servizi
Tesoura	Forbici
Xampu	Shampoo

Biologia
Biologia

Anatomia	Anatomia
Bactérias	Batteri
Célula	Cellula
Colagénio	Collagene
Cromossoma	Cromosoma
Embrião	Embrione
Enzima	Enzima
Evolução	Evoluzione
Fotossíntese	Fotosintesi
Hormona	Ormone
Mamífero	Mammifero
Mutação	Mutazione
Natural	Naturale
Nervo	Nervo
Neurônio	Neurone
Osmose	Osmosi
Proteína	Proteina
Réptil	Rettile
Simbiose	Simbiosi
Sinapse	Sinapsi

Café
Caffè

Açúcar	Zucchero
Amargo	Amaro
Aroma	Aroma
Assado	Arrostito
Água	Acqua
Bebida	Bevanda
Cafeína	Caffeina
Copa	Tazza
Creme	Crema
Filtro	Filtro
Leite	Latte
Líquido	Liquido
Manhã	Mattina
Moer	Macinare
Origem	Origine
Preço	Prezzo
Preto	Nero
Sabor	Gusto
Variedade	Varietà

Caminhada
Escursionismo

Acampamento	Campeggio
Animais	Animali
Água	Acqua
Botas	Stivali
Cansado	Stanco
Clima	Clima
Guias	Guide
Mapa	Mappa
Montanha	Montagna
Natureza	Natura
Orientação	Orientamento
Parques	Parchi
Pedras	Pietre
Penhasco	Scogliera
Perigos	Pericoli
Pesado	Pesante
Preparação	Preparazione
Selvagem	Selvaggio
Sol	Sole
Tempo	Meteo

Casa
Casa

Biblioteca	Biblioteca
Cerca	Recinto
Chaves	Chiavi
Chuveiro	Doccia
Cortinas	Tende
Cozinha	Cucina
Espelho	Specchio
Garagem	Garage
Janela	Finestra
Jardim	Giardino
Lareira	Camino
Mobiliário	Mobilio
Parede	Parete
Porta	Porta
Quarto	Camera
Sótão	Attico
Tapete	Tappeto
Teto	Soffitto
Torneira	Rubinetto
Vassoura	Scopa

Chocolate
Cioccolato

Açúcar	Zucchero
Amargo	Amaro
Amendoins	Arachidi
Antioxidante	Antiossidante
Aroma	Aroma
Artesanal	Artigianale
Cacau	Cacao
Calorias	Calorie
Caramelo	Caramello
Coco	Noce di Cocco
Comer	Mangiare
Delicioso	Delizioso
Doce	Dolce
Exótico	Esotico
Favorito	Preferito
Gosto	Gusto
Ingrediente	Ingrediente
Pó	Polvere
Qualidade	Qualità
Receita	Ricetta

Churrascos
Barbecue

Almoço	Pranzo
Convite	Invito
Crianças	Bambini
Facas	Coltelli
Família	Famiglia
Fome	Fame
Frango	Pollo
Fruta	Frutta
Grelha	Griglia
Jantar	Cena
Jogos	Giochi
Legumes	Verdure
Molho	Salsa
Música	Musica
Pimenta	Pepe
Quente	Caldo
Sal	Sale
Saladas	Insalate
Tomates	Pomodori
Verão	Estate

Cidade
Città

Aeroporto	Aeroporto
Banco	Banca
Biblioteca	Biblioteca
Cinema	Cinema
Escola	Scuola
Estádio	Stadio
Farmácia	Farmacia
Florista	Fiorista
Galeria	Galleria
Hotel	Hotel
Jardim Zoológico	Zoo
Livraria	Libreria
Mercado	Mercato
Museu	Museo
Padaria	Panetteria
Restaurante	Ristorante
Salão	Salone
Supermercado	Supermercato
Teatro	Teatro
Universidade	Università

Ciência
Scienza

Átomo	Atomo
Cientista	Scienziato
Clima	Clima
Dados	Dati
Evolução	Evoluzione
Fato	Fatto
Física	Fisica
Fóssil	Fossile
Gravidade	Gravità
Hipótese	Ipotesi
Laboratório	Laboratorio
Método	Metodo
Minerais	Minerali
Moléculas	Molecole
Natureza	Natura
Observação	Osservazione
Organismo	Organismo
Partículas	Particelle
Plantas	Piante
Químico	Chimico

Clima
Meteo

Arco-Íris	Arcobaleno
Atmosfera	Atmosfera
Brisa	Brezza
Céu	Cielo
Clima	Clima
Furacão	Uragano
Gelo	Ghiaccio
Monção	Monsone
Nevoeiro	Nebbia
Nuvem	Nube
Polar	Polare
Relâmpago	Fulmine
Seca	Siccità
Seco	Asciutto
Temperatura	Temperatura
Tempestade	Tempesta
Tornado	Tornado
Tropical	Tropicale
Trovão	Tuono
Vento	Vento

Comida # 2
Cibo #2

Alcachofra	Carciofo
Amêndoa	Mandorla
Arroz	Riso
Banana	Banana
Beringela	Melanzana
Brócolis	Broccolo
Cereja	Ciliegia
Chocolate	Cioccolato
Cogumelo	Fungo
Frango	Pollo
Iogurte	Yogurt
Kiwi	Kiwi
Maçã	Mela
Ovo	Uovo
Peixe	Pesce
Presunto	Prosciutto
Queijo	Formaggio
Tomate	Pomodoro
Trigo	Grano
Uva	Uva

Comida #1
Cibo #1

Açúcar	Zucchero
Alho	Aglio
Amendoim	Arachidi
Atum	Tonno
Bolo	Torta
Canela	Cannella
Cebola	Cipolla
Cenoura	Carota
Cevada	Orzo
Damasco	Albicocca
Espinafre	Spinaci
Leite	Latte
Limão	Limone
Manjericão	Basilico
Morango	Fragola
Nabo	Rapa
Sal	Sale
Salada	Insalata
Sopa	Minestra
Suco	Succo

Corpo Humano
Corpo Umano

Boca	Bocca
Cabeça	Testa
Cérebro	Cervello
Coração	Cuore
Cotovelo	Gomito
Dedo	Dito
Joelho	Ginocchio
Mandíbula	Mascella
Mão	Mano
Nariz	Naso
Olho	Occhio
Ombro	Spalla
Orelha	Orecchio
Pele	Pelle
Perna	Gamba
Pescoço	Collo
Queixo	Mento
Sangue	Sangue
Testa	Fronte
Tornozelo	Caviglia

Cozinha
Cucina

Avental	Grembiule
Chaleira	Bollitore
Colheres	Cucchiai
Comer	Mangiare
Concha	Mestolo
Cups	Tazze
Especiarias	Spezie
Esponja	Spugna
Facas	Coltelli
Forno	Forno
Freezer	Congelatore
Garfos	Forchette
Geladeira	Frigorifero
Grelha	Griglia
Guardanapo	Tovagliolo
Jar	Vaso
Jarro	Brocca
Pauzinhos	Bacchette
Receita	Ricetta
Tigela	Ciotola

Criatividade
Creatività

Artístico	Artistico
Autenticidade	Autenticità
Clareza	Chiarezza
Dramático	Drammatico
Emoções	Emozioni
Espontânea	Spontaneo
Expressão	Espressione
Fluidez	Fluidità
Habilidade	Abilità
Imagem	Immagine
Imaginação	Immaginazione
Impressão	Impressione
Inspiração	Ispirazione
Intensidade	Intensità
Intuição	Intuizione
Inventivo	Inventivo
Sensação	Sensazione
Sentimentos	Sentimenti
Visões	Visioni
Vitalidade	Vitalità

Dança
Danza

Academia	Accademia
Alegre	Gioioso
Arte	Arte
Clássico	Classico
Coreografia	Coreografia
Corpo	Corpo
Cultura	Cultura
Cultural	Culturale
Emoção	Emozione
Ensaio	Prova
Expressivo	Espressivo
Graça	Grazia
Movimento	Movimento
Música	Musica
Parceiro	Compagno
Postura	Postura
Ritmo	Ritmo
Saltar	Salto
Tradicional	Tradizionale
Visual	Visivo

Dias e Meses
Giorni e Mesi

Abril	Aprile
Agosto	Agosto
Ano	Anno
Calendário	Calendario
Dezembro	Dicembre
Domingo	Domenica
Fevereiro	Febbraio
Janeiro	Gennaio
Julho	Luglio
Junho	Giugno
Mês	Mese
Novembro	Novembre
Outubro	Ottobre
Quinta-Feira	Giovedì
Sábado	Sabato
Segunda-Feira	Lunedì
Semana	Settimana
Setembro	Settembre
Sexta-Feira	Venerdì
Terça	Martedì

Diplomacia

Diplomazia

Cidadãos	Cittadini
Comunidade	Comunità
Conflito	Conflitto
Consultor	Consigliere
Cooperação	Cooperazione
Diplomático	Diplomatico
Discussão	Discussione
Embaixada	Ambasciata
Embaixador	Ambasciatore
Ética	Etica
Governo	Governo
Humanitário	Umanitario
Integridade	Integrità
Justiça	Giustizia
Línguas	Lingue
Política	Politica
Resolução	Risoluzione
Segurança	Sicurezza
Solução	Soluzione
Tratado	Trattato

Dirigindo

Guida

Acidente	Incidente
Caminhão	Camion
Carro	Auto
Combustível	Carburante
Cuidado	Attenzione
Estrada	Strada
Freios	Freni
Garagem	Garage
Gás	Gas
Licença	Licenza
Mapa	Mappa
Motocicleta	Moto
Motor	Motore
Pedestre	Pedonale
Perigo	Pericolo
Polícia	Polizia
Segurança	Sicurezza
Transporte	Trasporto
Tráfego	Traffico
Túnel	Tunnel

Disciplinas Científicas

Discipline Scientifiche

Anatomia	Anatomia
Arqueologia	Archeologia
Astronomia	Astronomia
Biologia	Biologia
Bioquímica	Biochimica
Botânica	Botanica
Cinesiologia	Kinesiologia
Ecologia	Ecologia
Fisiologia	Fisiologia
Geologia	Geologia
Imunologia	Immunologia
Linguística	Linguistica
Meteorologia	Meteorologia
Mineralogia	Mineralogia
Neurologia	Neurologia
Psicologia	Psicologia
Química	Chimica
Sociologia	Sociologia
Termodinâmica	Termodinamica
Zoologia	Zoologia

Doença

Malattia

Abdominal	Addominale
Alergias	Allergie
Contagioso	Contagioso
Coração	Cuore
Corpo	Corpo
Crônica	Cronico
Fraco	Debole
Genético	Genetico
Hereditário	Ereditario
Imunidade	Immunità
Inflamação	Infiammazione
Lombar	Lombare
Neuropatia	Neuropatia
Ossos	Ossa
Patógenos	Patogeni
Pulmonar	Polmonare
Respiratório	Respiratorio
Saúde	Salute
Síndrome	Sindrome
Terapia	Terapia

Ecologia

Ecologia

Clima	Clima
Comunidades	Comunità
Diversidade	Diversità
Fauna	Fauna
Flora	Flora
Global	Globale
Habitat	Habitat
Marinho	Marino
Montanhas	Montagne
Natural	Naturale
Natureza	Natura
Pântano	Palude
Plantas	Piante
Recursos	Risorse
Seca	Siccità
Sobrevivência	Sopravvivenza
Sustentável	Sostenibile
Variedade	Varietà
Vegetação	Vegetazione
Voluntários	Volontari

Edifícios

Edifici

Apartamento	Appartamento
Castelo	Castello
Celeiro	Fienile
Cinema	Cinema
Embaixada	Ambasciata
Escola	Scuola
Estádio	Stadio
Fazenda	Fattoria
Fábrica	Fabbrica
Garagem	Garage
Hospital	Ospedale
Hotel	Hotel
Laboratório	Laboratorio
Museu	Museo
Observatório	Osservatorio
Supermercado	Supermercato
Teatro	Teatro
Tenda	Tenda
Torre	Torre
Universidade	Università

Energia

Energia

Ambiente	Ambiente
Bateria	Batteria
Calor	Calore
Carbono	Carbonio
Combustível	Carburante
Diesel	Diesel
Elétrico	Elettrico
Elétron	Elettrone
Entropia	Entropia
Fóton	Fotone
Gasolina	Benzina
Hidrogênio	Idrogeno
Indústria	Industria
Motor	Motore
Nuclear	Nucleare
Poluição	Inquinamento
Renovável	Rinnovabile
Sol	Sole
Turbina	Turbina
Vento	Vento

Engenharia

Ingegneria

Atrito	Attrito
Ângulo	Angolo
Cálculo	Calcolo
Construção	Costruzione
Diagrama	Diagramma
Diâmetro	Diametro
Diesel	Diesel
Dimensões	Dimensioni
Distribuição	Distribuzione
Eixo	Asse
Energia	Energia
Estabilidade	Stabilità
Estrutura	Struttura
Força	Forza
Líquido	Liquido
Máquina	Macchina
Medição	Misurazione
Motor	Motore
Profundidade	Profondità
Propulsão	Propulsione

Especiarias

Spezie

Açafrão	Zafferano
Alcaçuz	Liquirizia
Alho	Aglio
Amargo	Amaro
Anis	Anice
Azedo	Acido
Baunilha	Vaniglia
Canela	Cannella
Cardamomo	Cardamomo
Caril	Curry
Cebola	Cipolla
Coentro	Coriandolo
Cominho	Cumino
Doce	Dolce
Funcho	Finocchio
Gengibre	Zenzero
Noz-Moscada	Noce Moscata
Pimenta	Pepe
Sabor	Gusto
Sal	Sale

Esporte

Sport

Alongamento	Stretching
Atleta	Atleta
Capacidade	Capacità
Ciclismo	Ciclismo
Corpo	Corpo
Dançando	Danza
Dieta	Dieta
Esportes	Sportivo
Força	Forza
Jogging	Jogging
Maximizar	Massimizzare
Metabólico	Metabolico
Músculos	Muscoli
Nutrição	Nutrizione
Objetivo	Obiettivo
Ossos	Ossa
Programa	Programma
Resistência	Resistenza
Saúde	Salute
Treinador	Allenatore

Ética

Etica

Altruísmo	Altruismo
Benevolente	Benevolo
Bondade	Gentilezza
Compaixão	Compassione
Cooperação	Cooperazione
Dignidade	Dignità
Diplomático	Diplomatico
Filosofia	Filosofia
Honestidade	Onestà
Humanidade	Umanità
Integridade	Integrità
Otimismo	Ottimismo
Paciência	Pazienza
Racionalidade	Razionalità
Razoável	Ragionevole
Realismo	Realismo
Respeitoso	Rispettoso
Sabedoria	Saggezza
Tolerância	Tolleranza
Valores	Valori

Família

Famiglia

Antepassado	Antenato
Avó	Nonna
Criança	Bambino
Crianças	Bambini
Esposa	Moglie
Filha	Figlia
Infância	Infanzia
Irmã	Sorella
Irmão	Fratello
Marido	Marito
Materno	Materno
Mãe	Madre
Neto	Nipote
Pai	Padre
Paterno	Paterno
Primo	Cugino
Sobrinha	Nipote
Sobrinho	Nipote
Tia	Zia
Tio	Zio

Fazenda #1
Fattoria #1

Abelha	Ape
Agricultura	Agricoltura
Arroz	Riso
Água	Acqua
Bezerro	Vitello
Burro	Asino
Cabra	Capra
Campo	Campo
Cavalo	Cavallo
Cão	Cane
Cerca	Recinto
Corvo	Corvo
Feno	Fieno
Fertilizante	Fertilizzante
Frango	Pollo
Gato	Gatto
Mel	Miele
Porco	Maiale
Rebanho	Gregge
Vaca	Mucca

Fazenda #2
Fattoria #2

Agricultor	Agricoltore
Animais	Animali
Celeiro	Fienile
Cevada	Orzo
Colmeia	Alveare
Cordeiro	Agnello
Fruta	Frutta
Irrigação	Irrigazione
Leite	Latte
Lhama	Lama
Maduro	Maturo
Milho	Mais
Ovelha	Pecora
Pastor	Pastore
Pato	Anatra
Pomar	Frutteto
Prado	Prato
Trator	Trattore
Trigo	Grano
Vegetal	Verdura

Férias #2
Vacanze #2

Aeroporto	Aeroporto
Destino	Destinazione
Estrangeiro	Straniero
Feriado	Vacanza
Fotos	Foto
Hotel	Hotel
Ilha	Isola
Lazer	Tempo Libero
Mapa	Mappa
Mar	Mare
Montanhas	Montagne
Passaporte	Passaporto
Praia	Spiaggia
Reservas	Prenotazioni
Restaurante	Ristorante
Táxi	Taxi
Tenda	Tenda
Transporte	Trasporto
Viagem	Viaggio
Visto	Visto

Ficção Científica
Fantascienza

Atómico	Atomico
Cinema	Cinema
Distopia	Distopia
Explosão	Esplosione
Extremo	Estremo
Fantástico	Fantastico
Fogo	Fuoco
Futurista	Futuristico
Galáxia	Galassia
Ilusão	Illusione
Imaginário	Immaginario
Livros	Libri
Misterioso	Misterioso
Mundo	Mondo
Oráculo	Oracolo
Planeta	Pianeta
Realista	Realistico
Robôs	Robot
Tecnologia	Tecnologia
Utopia	Utopia

Filantropia
Filantropia

Caridade	Carità
Comunidade	Comunità
Contatos	Contatti
Crianças	Bambini
Desafios	Sfide
Finança	Finanza
Fundos	Fondi
Generosidade	Generosità
Global	Globale
Grupos	Gruppi
História	Storia
Honestidade	Onestà
Humanidade	Umanità
Juventude	Gioventù
Missão	Missione
Necessidade	Bisogno
Objetivos	Obiettivi
Pessoas	Persone
Programas	Programmi
Público	Pubblico

Física
Fisica

Aceleração	Accelerazione
Átomo	Atomo
Caos	Caos
Densidade	Densità
Elétron	Elettrone
Fórmula	Formula
Frequência	Frequenza
Gás	Gas
Gravidade	Gravità
Magnetismo	Magnetismo
Massa	Massa
Mecânica	Meccanica
Molécula	Molecola
Motor	Motore
Nuclear	Nucleare
Partícula	Particella
Químico	Chimico
Relatividade	Relatività
Universal	Universale
Velocidade	Velocità

Flores
Fiori

Buquê	Mazzo
Calêndula	Calendula
Gardênia	Gardenia
Girassol	Girasole
Hibisco	Ibisco
Jasmim	Gelsomino
Lavanda	Lavanda
Lilás	Lilla
Lírio	Giglio
Magnólia	Magnolia
Margarida	Margherita
Narciso	Narciso
Orquídea	Orchidea
Papoula	Papavero
Peônia	Peonia
Pétala	Petalo
Plumeria	Plumeria
Rosa	Rosa
Trevo	Trifoglio
Tulipa	Tulipano

Floresta Tropical
Foresta Pluviale

Anfíbios	Anfibi
Botânico	Botanico
Clima	Clima
Comunidade	Comunità
Diversidade	Diversità
Espécies	Specie
Indígena	Indigeno
Insetos	Insetti
Mamíferos	Mammiferi
Musgo	Muschio
Natureza	Natura
Nuvens	Nuvole
Pássaros	Uccelli
Preservação	Preservazione
Refúgio	Rifugio
Respeito	Rispetto
Restauração	Restauro
Selva	Giungla
Sobrevivência	Sopravvivenza
Valioso	Prezioso

Força e Gravidade
Forza e Gravità

Atrito	Attrito
Centro	Centro
Descoberta	Scoperta
Dinâmico	Dinamico
Distância	Distanza
Eixo	Asse
Expansão	Espansione
Física	Fisica
Impacto	Impatto
Magnetismo	Magnetismo
Mecânica	Meccanica
Movimento	Movimento
Órbita	Orbita
Peso	Peso
Planetas	Pianeti
Pressão	Pressione
Propriedades	Proprietà
Rapidez	Velocità
Tempo	Tempo
Universal	Universale

Frutas
Frutta

Abacate	Avocado
Abacaxi	Ananas
Amora	Mora
Baga	Bacca
Banana	Banana
Cereja	Ciliegia
Coco	Noce di Cocco
Damasco	Albicocca
Figo	Fico
Framboesa	Lampone
Kiwi	Kiwi
Laranja	Arancia
Limão	Limone
Maçã	Mela
Mamão	Papaia
Manga	Mango
Nectarina	Nettarina
Pera	Pera
Pêssego	Pesca
Uva	Uva

Geografia
Geografia

Altitude	Altitudine
Atlas	Atlante
Cidade	Città
Continente	Continente
Hemisfério	Emisfero
Ilha	Isola
Latitude	Latitudine
Mapa	Mappa
Mar	Mare
Meridiano	Meridiano
Montanha	Montagna
Mundo	Mondo
Norte	Nord
Oceano	Oceano
Oeste	Ovest
País	Paese
Região	Regione
Rio	Fiume
Sul	Sud
Território	Territorio

Geologia
Geologia

Ácido	Acido
Camada	Strato
Caverna	Caverna
Cálcio	Calcio
Continente	Continente
Coral	Corallo
Cristais	Cristalli
Erosão	Erosione
Estalactite	Stalattite
Estalagmites	Stalagmiti
Fóssil	Fossile
Lava	Lava
Minerais	Minerali
Pedra	Pietra
Platô	Altopiano
Quartzo	Quarzo
Sal	Sale
Terremoto	Terremoto
Vulcão	Vulcano
Zona	Zona

Geometria
Geometria

Altura	Altezza
Ângulo	Angolo
Cálculo	Calcolo
Círculo	Cerchio
Curva	Curva
Diâmetro	Diametro
Dimensão	Dimensione
Equação	Equazione
Horizontal	Orizzontale
Lógica	Logica
Massa	Massa
Mediana	Mediano
Paralelo	Parallelo
Proporção	Proporzione
Segmento	Segmento
Simetria	Simmetria
Superfície	Superficie
Teoria	Teoria
Triângulo	Triangolo
Vertical	Verticale

Governo
Governo

Cidadania	Cittadinanza
Civil	Civile
Constituição	Costituzione
Democracia	Democrazia
Discurso	Discorso
Discussão	Discussione
Distrito	Quartiere
Estado	Stato
Igualdade	Uguaglianza
Independência	Indipendenza
Judicial	Giudiziario
Justiça	Giustizia
Lei	Legge
Liberdade	Libertà
Líder	Capo
Monumento	Monumento
Nacional	Nazionale
Nação	Nazione
Política	Politica
Símbolo	Simbolo

Herbalismo
Erboristeria

Açafrão	Zafferano
Alecrim	Rosmarino
Alho	Aglio
Aromático	Aromatico
Benéfico	Benefico
Coentro	Coriandolo
Estragão	Dragoncello
Flor	Fiore
Funcho	Finocchio
Ingrediente	Ingrediente
Jardim	Giardino
Lavanda	Lavanda
Manjericão	Basilico
Manjerona	Maggiorana
Planta	Pianta
Qualidade	Qualità
Sabor	Gusto
Salsa	Prezzemolo
Tomilho	Timo
Verde	Verde

Instrumentos Musicais
Strumenti Musicali

Bandolim	Mandolino
Banjo	Banjo
Clarinete	Clarinetto
Fagote	Fagotto
Flauta	Flauto
Gaita	Armonica
Gongo	Gong
Harpa	Arpa
Marimba	Marimba
Oboé	Oboe
Pandeiro	Tamburello
Percussão	Percussione
Piano	Pianoforte
Saxofone	Sassofono
Tambor	Tamburo
Trombone	Trombone
Trompete	Tromba
Violão	Chitarra
Violino	Violino
Violoncelo	Violoncello

Jardim
Giardino

Ancinho	Rastrello
Arbusto	Cespuglio
Árvore	Albero
Banco	Panca
Cerca	Recinto
Flor	Fiore
Garagem	Garage
Grama	Erba
Gramado	Prato
Jardim	Giardino
Lagoa	Stagno
Maca	Amaca
Mangueira	Tubo
Pá	Pala
Pomar	Frutteto
Solo	Suolo
Terraço	Terrazza
Trampolim	Trampolino
Varanda	Portico
Videira	Vite

Jardinagem
Giardinaggio

Água	Acqua
Botânico	Botanico
Buquê	Mazzo
Clima	Clima
Comestível	Commestibile
Composto	Compost
Espécies	Specie
Exótico	Esotico
Flor	Fiorire
Floral	Floreale
Folha	Foglia
Folhagem	Fogliame
Mangueira	Tubo
Pomar	Frutteto
Recipiente	Contenitore
Sazonal	Stagionale
Sementes	Semi
Solo	Suolo
Sujeira	Sporco
Umidade	Umidità

Jazz
Jazz

Artista	Artista
Álbum	Album
Bateria	Batteria
Canção	Canzone
Composição	Composizione
Compositor	Compositore
Concerto	Concerto
Estilo	Stile
Ênfase	Enfasi
Famoso	Famoso
Favoritos	Preferiti
Gênero	Genere
Influências	Influenze
Música	Musica
Novo	Nuovo
Orquestra	Orchestra
Ritmo	Ritmo
Talento	Talento
Técnica	Tecnica
Velho	Vecchio

Literatura
Letteratura

Analogia	Analogia
Análise	Analisi
Anedota	Aneddoto
Autor	Autore
Biografia	Biografia
Comparação	Confronto
Conclusão	Conclusione
Descrição	Descrizione
Diálogo	Dialogo
Estilo	Stile
Ficção	Finzione
Metáfora	Metafora
Narrador	Narratore
Opinião	Opinione
Poema	Poesia
Rima	Rima
Ritmo	Ritmo
Romance	Romanzo
Tema	Tema
Tragédia	Tragedia

Livros
Libri

Autor	Autore
Aventura	Avventura
Coleção	Collezione
Contexto	Contesto
Dualidade	Dualità
Escrito	Scritto
Épico	Epico
História	Storia
Histórico	Storico
Inventivo	Inventivo
Leitor	Lettore
Literário	Letterario
Narrador	Narratore
Página	Pagina
Personagem	Carattere
Poesia	Poesia
Relevante	Rilevante
Romance	Romanzo
Série	Serie
Trágico	Tragico

Mamíferos
Mammiferi

Baleia	Balena
Camelo	Cammello
Canguru	Canguro
Castor	Castoro
Cavalo	Cavallo
Cão	Cane
Coelho	Coniglio
Coiote	Coyote
Elefante	Elefante
Gato	Gatto
Girafa	Giraffa
Golfinho	Delfino
Gorila	Gorilla
Leão	Leone
Lobo	Lupo
Macaco	Scimmia
Ovelha	Pecora
Raposa	Volpe
Touro	Toro
Zebra	Zebra

Matemática
Matematica

Aritmética	Aritmetica
Ângulos	Angoli
Circunferência	Circonferenza
Decimal	Decimale
Diâmetro	Diametro
Equação	Equazione
Expoente	Esponente
Fração	Frazione
Geometria	Geometria
Números	Numeri
Paralelo	Parallelo
Perímetro	Perimetro
Polígono	Poligono
Quadrado	Quadrato
Raio	Raggio
Retângulo	Rettangolo
Simetria	Simmetria
Soma	Somma
Triângulo	Triangolo
Volume	Volume

Material de Arte
Forniture Artistiche

Acrílico	Acrilico
Apagador	Gomma
Aquarelas	Acquerelli
Argila	Argilla
Água	Acqua
Cadeira	Sedia
Carvão	Carbone
Cavalete	Cavalletto
Câmera	Telecamera
Cola	Colla
Cores	Colori
Criatividade	Creatività
Escovas	Spazzole
Lápis	Matite
Mesa	Tavolo
Óleo	Olio
Papel	Carta
Pastels	Pastelli
Tinta	Inchiostro
Tintas	Vernici

Medições
Misurazioni

Altura	Altezza
Byte	Byte
Centímetro	Centimetro
Comprimento	Lunghezza
Decimal	Decimale
Grama	Grammo
Grau	Grado
Largura	Larghezza
Litro	Litro
Massa	Massa
Metro	Metro
Minuto	Minuto
Onça	Oncia
Peso	Peso
Polegada	Pollice
Profundidade	Profondità
Quilograma	Chilogrammo
Quilômetro	Chilometro
Tonelada	Tonnellata
Volume	Volume

Meditação
Meditazione

Aceitação	Accettazione
Acordado	Sveglio
Atenção	Attenzione
Bondade	Gentilezza
Clareza	Chiarezza
Compaixão	Compassione
Emoções	Emozioni
Ensinamentos	Insegnamenti
Gratidão	Gratitudine
Mental	Mentale
Mente	Mente
Movimento	Movimento
Música	Musica
Natureza	Natura
Observação	Osservazione
Paz	Pace
Pensamentos	Pensieri
Perspectiva	Prospettiva
Postura	Postura
Silêncio	Silenzio

Mitologia
Mitologia

Arquétipo	Archetipo
Ciúmes	Gelosia
Comportamento	Comportamento
Criação	Creazione
Criatura	Creatura
Cultura	Cultura
Desastre	Disastro
Força	Forza
Guerreiro	Guerriero
Heroína	Eroina
Herói	Eroe
Imortalidade	Immortalità
Labirinto	Labirinto
Lenda	Leggenda
Mágico	Magico
Monstro	Mostro
Mortal	Mortale
Relâmpago	Fulmine
Trovão	Tuono
Vingança	Vendetta

Música
Musica

Álbum	Album
Balada	Ballata
Cantar	Cantare
Cantor	Cantante
Clássico	Classico
Coro	Coro
Gravação	Registrazione
Harmonia	Armonia
Improvisar	Improvvisare
Instrumento	Strumento
Lírico	Lirico
Melodia	Melodia
Microfone	Microfono
Musical	Musicale
Músico	Musicista
Ópera	Opera
Poético	Poetico
Ritmo	Ritmo
Tempo	Tempo
Vocal	Vocale

Natureza
Natura

Abelhas	Api
Abrigo	Rifugio
Animais	Animali
Ártico	Artico
Beleza	Bellezza
Deserto	Deserto
Dinâmico	Dinamico
Erosão	Erosione
Floresta	Foresta
Folhagem	Fogliame
Geleira	Ghiacciaio
Montanhas	Montagne
Nevoeiro	Nebbia
Nuvens	Nuvole
Rio	Fiume
Santuário	Santuario
Selvagem	Selvaggio
Sereno	Sereno
Tropical	Tropicale
Vital	Vitale

Negócios
Attività Commerciale

Carreira	Carriera
Custo	Costo
Desconto	Sconto
Dinheiro	Soldi
Economia	Economia
Empregado	Dipendente
Empresa	Società
Escritório	Ufficio
Fábrica	Fabbrica
Finança	Finanza
Gerente	Manager
Impostos	Tasse
Investimento	Investimento
Loja	Negozio
Lucro	Profitto
Mercadoria	Merce
Moeda	Valuta
Orçamento	Bilancio
Rendimento	Reddito
Venda	Vendita

Nutrição
Nutrizione

Amargo	Amaro
Apetite	Appetito
Calorias	Calorie
Carboidratos	Carboidrati
Comestível	Commestibile
Dieta	Dieta
Digestão	Digestione
Equilibrado	Bilanciato
Fermentação	Fermentazione
Líquidos	Liquidi
Molho	Salsa
Nutriente	Nutriente
Peso	Peso
Proteínas	Proteine
Qualidade	Qualità
Sabor	Gusto
Saudável	Sano
Saúde	Salute
Toxina	Tossina
Vitamina	Vitamina

Números
Numeri

Cinco	Cinque
Decimal	Decimale
Dez	Dieci
Dezesseis	Sedici
Dezessete	Diciassette
Dezoito	Diciotto
Dois	Due
Doze	Dodici
Nove	Nove
Oito	Otto
Quatorze	Quattordici
Quatro	Quattro
Quinze	Quindici
Seis	Sei
Sete	Sette
Treze	Tredici
Três	Tre
Um	Uno
Vinte	Venti
Zero	Zero

Oceano
Oceano

Alga	Alghe
Atum	Tonno
Baleia	Balena
Barco	Barca
Camarão	Gamberetto
Caranguejo	Granchio
Coral	Corallo
Enguia	Anguilla
Esponja	Spugna
Golfinho	Delfino
Marés	Maree
Medusa	Medusa
Ostra	Ostrica
Peixe	Pesce
Polvo	Polpo
Recife	Scogliera
Sal	Sale
Tartaruga	Tartaruga
Tempestade	Tempesta
Tubarão	Squalo

Paisagens
Paesaggi

Cascata	Cascata
Caverna	Grotta
Colina	Collina
Deserto	Deserto
Geleira	Ghiacciaio
Golfo	Golfo
Iceberg	Iceberg
Ilha	Isola
Lago	Lago
Mar	Mare
Montanha	Montagna
Oásis	Oasi
Oceano	Oceano
Pântano	Palude
Península	Penisola
Praia	Spiaggia
Rio	Fiume
Tundra	Tundra
Vale	Valle
Vulcão	Vulcano

Países #1
Paesi #1

Alemanha	Germania
Brasil	Brasile
Camboja	Cambogia
Canadá	Canada
Egito	Egitto
Equador	Ecuador
Espanha	Spagna
Finlândia	Finlandia
Iraque	Iraq
Israel	Israele
Itália	Italia
Índia	India
Mali	Mali
Marrocos	Marocco
Nicarágua	Nicaragua
Noruega	Norvegia
Panamá	Panama
Polônia	Polonia
Senegal	Senegal
Venezuela	Venezuela

Países #2
Paesi #2

Albânia	Albania
Dinamarca	Danimarca
França	Francia
Grécia	Grecia
Haiti	Haiti
Indonésia	Indonesia
Irlanda	Irlanda
Jamaica	Giamaica
Japão	Giappone
Laos	Laos
Líbano	Libano
México	Messico
Nepal	Nepal
Nigéria	Nigeria
Paquistão	Pakistan
Rússia	Russia
Síria	Siria
Somália	Somalia
Ucrânia	Ucraina
Uganda	Uganda

Pássaros
Uccelli

Avestruz	Struzzo
Águia	Aquila
Canário	Canarino
Cegonha	Cicogna
Cisne	Cigno
Cuco	Cuculo
Flamingo	Fenicottero
Frango	Pollo
Gaivota	Gabbiano
Ganso	Oca
Garça	Airone
Ovo	Uovo
Papagaio	Pappagallo
Pardal	Passero
Pato	Anatra
Pavão	Pavone
Pelicano	Pellicano
Pinguim	Pinguino
Pombo	Piccione
Tucano	Tucano

Plantas
Piante

Arbusto	Cespuglio
Árvore	Albero
Baga	Bacca
Bambu	Bambù
Botânica	Botanica
Cacto	Cactus
Erva	Erba
Feijão	Fagiolo
Fertilizante	Fertilizzante
Flor	Fiore
Flora	Flora
Floresta	Foresta
Folha	Foglia
Folhagem	Fogliame
Hera	Edera
Jardim	Giardino
Musgo	Muschio
Pétala	Petalo
Raiz	Radice
Vegetação	Vegetazione

Profissões #1
Professioni #1

Advogado	Avvocato
Artista	Artista
Astrônomo	Astronomo
Banqueiro	Banchiere
Bombeiro	Pompiere
Caçador	Cacciatore
Cartógrafo	Cartografo
Cientista	Scienziato
Dançarino	Ballerino
Editor	Editore
Embaixador	Ambasciatore
Encanador	Idraulico
Enfermeira	Infermiera
Geólogo	Geologo
Joalheiro	Gioielliere
Marinheiro	Marinaio
Músico	Musicista
Pianista	Pianista
Psicólogo	Psicologo
Veterinário	Veterinario

Profissões #2
Professioni #2

Agricultor	Agricoltore
Astronauta	Astronauta
Bibliotecário	Bibliotecario
Biólogo	Biologo
Cirurgião	Chirurgo
Dentista	Dentista
Engenheiro	Ingegnere
Filósofo	Filosofo
Fotógrafo	Fotografo
Ilustrador	Illustratore
Inventor	Inventore
Investigador	Ricercatore
Jardineiro	Giardiniere
Jornalista	Giornalista
Linguista	Linguista
Médico	Medico
Piloto	Pilota
Pintor	Pittore
Professor	Insegnante
Zoólogo	Zoologo

Psicologia
Psicologia

Avaliação	Valutazione
Clínico	Clinico
Comportamento	Comportamento
Compromisso	Appuntamento
Conflito	Conflitto
Ego	Ego
Emoções	Emozioni
Experiências	Esperienze
Inconsciente	Inconscio
Infância	Infanzia
Influências	Influenze
Pensamentos	Pensieri
Percepção	Percezione
Personalidade	Personalità
Problema	Problema
Realidade	Realtà
Sensação	Sensazione
Sonhos	Sogni
Subconsciente	Subconscio
Terapia	Terapia

Química
Chimica

Alcalino	Alcalino
Ácido	Acido
Calor	Calore
Carbono	Carbonio
Catalisador	Catalizzatore
Cloro	Cloro
Elementos	Elementi
Elétron	Elettrone
Enzima	Enzima
Gás	Gas
Hidrogênio	Idrogeno
Íon	Ione
Líquido	Liquido
Molécula	Molecola
Nuclear	Nucleare
Orgânico	Organico
Oxigénio	Ossigeno
Peso	Peso
Sal	Sale
Temperatura	Temperatura

Restaurante # 2
Ristorante #2

Almoço	Pranzo
Aperitivo	Aperitivo
Água	Acqua
Bebida	Bevanda
Bolo	Torta
Cadeira	Sedia
Colher	Cucchiaio
Delicioso	Delizioso
Especiarias	Spezie
Fruta	Frutta
Garçom	Cameriere
Garfo	Forchetta
Gelo	Ghiaccio
Jantar	Cena
Legumes	Verdure
Ovo	Uova
Peixe	Pesce
Sal	Sale
Salada	Insalata
Sopa	Minestra

Roupas
Vestiti

Avental	Grembiule
Blusa	Camicetta
Calça	Pantaloni
Camisa	Camicia
Casaco	Cappotto
Chapéu	Cappello
Cinto	Cintura
Colar	Collana
Jaqueta	Giacca
Jeans	Jeans
Luvas	Guanti
Meias	Calzini
Moda	Moda
Pijama	Pigiama
Pulseira	Braccialetto
Saia	Gonna
Sandálias	Sandali
Sapato	Scarpa
Suéter	Maglione
Vestido	Abito

Saúde e Bem-Estar #1
Salute e Benessere #1

Altura	Altezza
Ativo	Attivo
Bactérias	Batteri
Clínica	Clinica
Doutor	Medico
Farmácia	Farmacia
Fome	Fame
Fratura	Frattura
Hábito	Abitudine
Hormones	Ormoni
Medicina	Medicina
Nervos	Nervi
Ossos	Ossa
Pele	Pelle
Postura	Postura
Reflexo	Riflesso
Relaxamento	Rilassamento
Terapia	Terapia
Tratamento	Trattamento
Vírus	Virus

Saúde e Bem-Estar #2
Salute e Benessere #2

Alergia	Allergia
Anatomia	Anatomia
Apetite	Appetito
Caloria	Caloria
Corpo	Corpo
Dieta	Dieta
Digestão	Digestione
Doença	Malattia
Energia	Energia
Genética	Genetica
Higiene	Igiene
Hospital	Ospedale
Humor	Umore
Infecção	Infezione
Massagem	Massaggio
Peso	Peso
Recuperação	Recupero
Sangue	Sangue
Saudável	Sano
Vitamina	Vitamina

Tempo
Tempo

Ano	Anno
Antes	Prima
Anual	Annuale
Calendário	Calendario
Década	Decennio
Dia	Giorno
Futuro	Futuro
Hoje	Oggi
Hora	Ora
Manhã	Mattina
Meio-Dia	Mezzogiorno
Mês	Mese
Minuto	Minuto
Momento	Momento
Noite	Notte
Ontem	Ieri
Passado	Passato
Relógio	Orologio
Semana	Settimana
Século	Secolo

Tipos de Cabelo
Tipi di Capelli

Branco	Bianco
Brilhante	Lucido
Cachos	Riccioli
Careca	Calvo
Cinza	Grigio
Colori	Colorato
Encaracolado	Riccio
Fino	Sottile
Grosso	Spessore
Loiro	Biondo
Longo	Lungo
Marrom	Marrone
Ondulado	Ondulato
Prata	Argento
Preto	Nero
Saudável	Sano
Seco	Asciutto
Suave	Morbido
Trançado	Intrecciato
Tranças	Trecce

Universo
Universo

Asteróide	Asteroide
Astronomia	Astronomia
Astrônomo	Astronomo
Atmosfera	Atmosfera
Celestial	Celeste
Céu	Cielo
Cósmico	Cosmico
Equador	Equatore
Galáxia	Galassia
Hemisfério	Emisfero
Horizonte	Orizzonte
Latitude	Latitudine
Longitude	Longitudine
Lua	Luna
Órbita	Orbita
Solar	Solare
Solstício	Solstizio
Telescópio	Telescopio
Visível	Visibile
Zodíaco	Zodiaco

Vegetais
Verdure

Abóbora	Zucca
Aipo	Sedano
Alcachofra	Carciofo
Alho	Aglio
Batata	Patata
Beringela	Melanzana
Brócolis	Broccolo
Cebola	Cipolla
Cenoura	Carota
Chalota	Scalogno
Cogumelo	Fungo
Ervilha	Pisello
Espinafre	Spinaci
Gengibre	Zenzero
Nabo	Rapa
Pepino	Cetriolo
Rabanete	Ravanello
Salada	Insalata
Salsa	Prezzemolo
Tomate	Pomodoro

Veículos
Veicoli

Ambulância	Ambulanza
Avião	Aereo
Balsa	Traghetto
Barco	Barca
Bicicleta	Bicicletta
Caminhão	Camion
Caravana	Caravan
Carro	Auto
Foguete	Razzo
Helicóptero	Elicottero
Jangada	Zattera
Lambreta	Scooter
Metrô	Metropolitana
Motor	Motore
Ônibus	Autobus
Pneus	Pneumatici
Submarino	Sottomarino
Táxi	Taxi
Transporte	Navetta
Trator	Trattore

Xadrez
Scacchi

Aprender	Per Imparare
Branco	Bianco
Campeão	Campione
Concurso	Concorso
Desafios	Sfide
Diagonal	Diagonale
Estratégia	Strategia
Jogador	Giocatore
Jogo	Gioco
Oponente	Avversario
Passivo	Passivo
Pontos	Punti
Preto	Nero
Rainha	Regina
Regras	Regole
Rei	Re
Sacrifício	Sacrificio
Tempo	Tempo
Torneio	Torneo

Parabéns

Conseguiu!

Esperamos que tenha gostado tanto deste livro como nós gostamos de o desenhar. Esforçamo-nos por criar livros da mais alta qualidade possível.
Esta edição foi concebida para proporcionar uma aprendizagem inteligente, de qualidade e divertida!

Gostou deste livro?

Um simples pedido

Estes livros existem graças às críticas que publica.
Pode ajudar-nos, deixando agora uma revisão?

Aqui está um pequeno link para
a sua página de revisão:

BestBooksActivity.com/Avaliacoes50

DESAFIO FINAL!

Desafio n° 1

Está pronto para o seu jogo grátis? Usamo-los a toda a hora, mas não são tão fáceis de encontrar - aqui estão os **Sinônimos!**
Escreva 5 palavras que encontrou nos puzzles (n° 21, n° 36, n° 76) e tente encontrar 2 sinónimos para cada palavra.

*Escreva 5 palavras de **Puzzle 21***

Palavras	Sinônimo 1	Sinônimo 2

*Escreva 5 palavras de **Puzzle 36***

Palavras	Sinônimo 1	Sinônimo 2

*Escreva 5 palavras de **Puzzle 76***

Palavras	Sinônimo 1	Sinônimo 2

Desafio n° 2

Agora que já aqueceu, escreva 5 palavras que encontrou nos Puzzles (n° 9, n° 17 e n° 25) e tente encontrar 2 antônimos para cada palavra. Quantos se podem encontrar em 20 minutos?

*Escreva 5 palavras de **Puzzle 9***

Palavras	Antônimo 1	Antônimo 2

*Escreva 5 palavras de **Puzzle 17***

Palavras	Antônimo 1	Antônimo 2

*Escreva 5 palavras de **Puzzle 25***

Palavras	Antônimo 1	Antônimo 2

Desafio nº 3

Óptimo! Este desafio final  não é nada para si.

Pronto para o desafio final? Escolha 10 palavras que tenha descoberto nos diferentes puzzles e escreva-as abaixo.

1.	6.
2.	7.
3.	8.
4.	9.
5.	10.

Agora escreva um texto a pensar numa pessoa, num animal ou num lugar de seu agrado.

Pode utilizar a última página deste livro como um rascunho.

A Sua Composição:

CADERNO DE NOTAS:

ATÉ BREVE!

A equipa Inteira

www.ingramcontent.com/pod-product-compliance
Lightning Source LLC
Chambersburg PA
CBHW082216120626
46553CB00010B/3168
9798896704157